Contraste insuffisant
NF Z 43-120-14

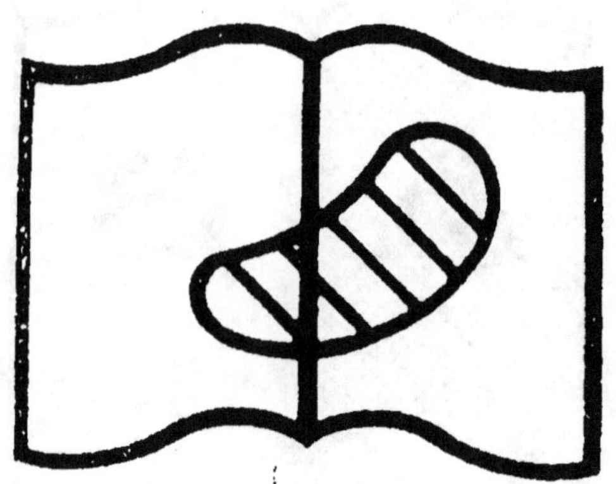

Illisibilité partielle

Original en couleur

NF Z 43-120-8

# DES COULEURS

## CONSIDÉRÉES COMME

## SYMBOLES DES POINTS DE L'HORIZON

### CHEZ LES PEUPLES DU NOUVEAU-MONDE

PAR

## H. DE CHARENCEY

PARIS

ERNEST LEROUX, ÉDITEUR

LIBRAIRE DES SOCIÉTÉS ASIATIQUES DE PARIS, DE CALCUTTA
DE NEW-HAVEN (ÉTATS-UNIS), DE SHANG-HAI (CHINE)
DE L'ÉCOLE DES LANGUES ORIENTALES VIVANTES
DE LA SOCIÉTÉ PHILOLOGIQUE, ETC., ETC

28, RUE BONAPARTE, 28

1877

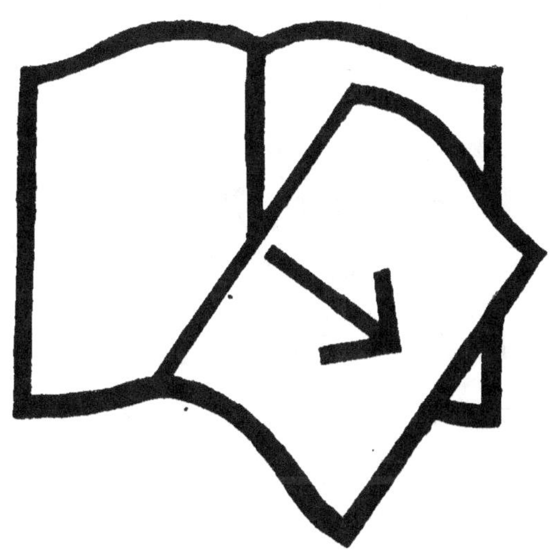

Couverture inférieure manquante

# DES COULEURS

CONSIDÉRÉES COMME

## SYMBOLES DES POINTS DE L'HORIZON

CHEZ LES PEUPLES DU NOUVEAU-MONDE

# DES COULEURS

## CONSIDÉRÉES COMME

## SYMBOLES DES POINTS DE L'HORIZON

### CHEZ LES PEUPLES DU NOUVEAU-MONDE

PAR

### H. DE CHARENCEY

PARIS

ERNEST LEROUX, ÉDITEUR

LIBRAIRE DES SOCIÉTÉS ASIATIQUES DE PARIS, DE CALCUTTA
DE NEW-HAVEN (ÉTATS-UNIS), DE SHANG-HAI (CHINE)
DE L'ÉCOLE DES LANGUES ORIENTALES VIVANTES
DE LA SOCIÉTÉ PHILOLOGIQUE, ETC., ETC.

28, RUE BONAPARTE, 28

—

1877

# DES COULEURS

CONSIDÉRÉES COMME

## SYMBOLES DES POINTS DE L'HORIZON

### CHEZ LES PEUPLES DU NOUVEAU-MONDE

## INTRODUCTION

M. Angrand croit avoir constaté par l'étude comparée des symboles religieux particuliers au système général de naturalisme panthéiste qui formait le fond des croyances de tous les peuples de l'Amérique, que le grand schisme divisant les *Orientaux à Tête plate*, des *Occidentaux à Tête droite*, était né de la manière dont ces deux fractions de la race rouge comprenaient le dualisme des puissances de la nature. Les Orientaux donnaient la prééminence au principe masculin, symbolisé par le *Lingam*, emblème du soleil, tandis que les Occidentaux adoraient dans la lune, le principe féminin auquel ils attribuaient la priorité dans la formation des êtres.

Toutefois, il ne faut pas confondre le dogme religieux avec le principe gynécocratique, prévalant chez ces derniers, au moins dans une partie de leurs institutions les plus anciennes. Ce principe peut être la conséquence plus ou moins immédiate de l'inspiration religieuse, mais il n'en est pas la formule directe. Entre le dogme et le rite se trouvait l'infini des conceptions humaines, et, parfois même, la raison d'état.

Les faits n'ont rien de nouveau dans *l'histoire des peuples,* mais les *formes multiples et conventionnelles* qu'ils revêtent nous fournissent souvent de précieuses indications pour remonter aux sources des philosophies primitives, et, par suite, aux origines des races dont elles caractérisent l'esprit.

De cette théorie, dont la vérité ne saurait guère, ce nous semble, être contestée, nous retiendrons spécialement ici le fait d'observation relatif à la pratique religieuse chez les deux grandes fractions de la race Nahuatle, c'est-à-dire au rôle différent attribué par chacune d'elles au soleil et à la lune que leur esprit enclin au panthéisme avait divinisés, comme étant à leurs yeux, les forces uniques et créatrices de la nature (1).

Maintenant, l'on ne sera pas surpris ci cet emploi des couleurs prises comme emblèmes, que nous retrouvons plus ou moins développé chez tous les peuples de la terre jouait surtout un rôle des plus considérables en Amérique. Elles y faisaient partie du

(1) M. L. Angrand, *Notes manuscrites.*

symbolisme religieux (1) en vigueur parmi les races
de ces régions. Les plumes mêmes des oiseaux aux
brillantes couleurs qui avaient tant de prix aux yeux
des Américains, revêtaient une valeur emblématique
différente en raison de leur teinte, et cela s'explique
tout naturellement par l'esprit si éminemment hiératique de leurs civilisations. D'ordinaire, chaque divinité ou forme particulière des deux grands principes mâle et femelle était caractérisée, entre autres
attributs, par une ou plusieurs nuances distinctes. A
cet égard même, l'Inde pourrait peut-être offrir plus
d'un point de comparaison avec la nouvelle Espagne.
Remarquons, en passant, et sans oser tirer de ce fait
des conclusions plus précises qu'il ne convient, que
dans ces deux régions, l'usage d'enluminer d'une
façon spéciale chaque divinité, semble avoir pris une
extension des plus considérables.

En tout cas, un point sur lequel l'influence exercée
par l'Extrême-Orient sur les civilisations de l'Amérique nous paraîtrait difficilement contestable, c'est
l'emploi de teintes déterminées, mais variables de
race à race pour symboliser les points de l'espace. Il
y a, ce nous semble, dans cette donnée, quelque
chose de conventionnel qui s'accorde, on ne peut
mieux, avec l'idée d'un emprunt fait par la race rouge
à ses voisins de l'autre côté du Pacifique. On conce-
vrait, à la rigueur, une tribu particulière arrivant par
sa propre initiative, à se forger un système de couleurs

(1) M. Ferdinand Denis, *Arte plumaria*, p. 353 et suiv. du
vol. 1<sup>er</sup> des *Actes de la Société de philologie et d'ethnographie*.

servant à désigner les diverses plages de l'univers, mais comment expliquer l'existence de ces procédés symboliques chez une foule de nations entièrement différentes ? Comment, surtout, concevoir l'identité des teintes et de leur affectation chez certaines peuplades du Nord de l'Amérique et dans l'Inde ancienne?

Les systèmes de couleurs prises chez les peuples de l'Amérique du Nord comme emblèmes des points de l'horizon semblent se pouvoir ramener à deux types principaux , l'un quinaire , c'est-à-dire fondé par l'emploi de cinq nuances symboliques, le second quaternaire, et qui, par conséquent, en admet une de moins (1).

### § 1ᵉʳ. Système quinaire.

Les développements dans lesquels nous aurons tout à l'heure à entrer, feront ressortir l'importance extrême de cette distinction, au point de vue des origines de la civilisation dans le Nouveau-Monde. Nous commencerons par l'étude du système quinaire, quoiqu'il présente un caractère plus grand de complexité. Le lecteur verra, par la suite, quel motif nous décide à procéder de la sorte.

(1) M. Angrand qui, le premier, a constaté la valeur réelle de cette dissidence fondamentale dans la cosmogonie des deux grandes fractions de la race rouge en Amérique, dont l'une admettait *cinq* périodes solaires et l'autre *quatre* seulement (voy. *Antiquités américaines*, Lettre à M. Daly, p. 35 et 36), considère cette question de foi comme un des points les plus profondément caractéristiques des doctrines religieuses de ces peuples qu'il range sous les dénominations de *Têtes-Droites* et de *Têtes-Plates*.

Son emploi se retrouve chez diverses populations de l'Amérique septentrionale, Mexicains, peuples du *Fou-Sang*, tribus de race Chahta-Muscogulgue, mais avec quelques différences de détail qu'il importe de signaler. Sans doute, à l'origine, il se devait ramener à un type unique, et c'est seulement par la suite des temps qu'il finit par offrir certaines différences soit dans le choix des couleurs, soit dans leur ordre respectif. Les deux dernières populations que nous venons de citer fesaient usage, l'une et l'autre, de nuances dont l'emploi semble avoir été étranger aux Mexicains. Au contraire, une conformité assez frappante dans la valeur emblématique attribuée à diverses teintes se manifeste entre les habitants de l'Anahuac et ceux du Fou-Sang, tandis que les Chahtas avaient adopté un ordre de classement tout spécial et que l'on ne retrouve point ailleurs.

Il convient d'ajouter que le caractère distinctif du système quinaire, consiste dans l'admission du point central au nombre des régions de l'espace. Néanmoins, il n'eut jamais la même importance symbolique que les autres points cardinaux; aussi le rôle à lui assigné tendit-il rapidement à s'effacer. Toutefois, les traces de l'état primitif des choses restèrent assez nombreuses chez les diverses races ci-dessus énumérées, pour que leur symbolique puisse être facilement et, du premier coup d'œil, distinguée de celle des races qui avaient toujours suivi le système quaternaire.

Nous commencerons par l'étude de la symbolique Mexicaine proprement dite, parce que c'est la mieux connue, celle sur laquelle nous possédons le plus de renseignements. D'ailleurs, elle offre, dans son ensemble, certains vestiges d'archaïsme qui permettent d'en tirer parti pour l'explication des procédés en vigueur chez les nations congénères.

I. *Symbolique Mexicaine.* Avant de passer outre, il nous paraît indispensable d'entrer dans quelques développements au sujet de ce mode de comput et de cette forme de calendrier, généralement désignés par l'épithète assez impropre d'ailleurs, de « Toltèques (1). » C'étaient eux qui servaient de base aux calculs chronologiques, aussi bien chez les habitants de la vallée d'Anahuac ou du Guatémala que chez les Mayas du Yucatan. C'est-à-dire, qu'à part quelques modifications de détail, généralement insignifiantes, c'est le même système que nous retrouvons parmi les diverses nations policées de la Nouvelle-Espagne. Cette coïncidence nous semble d'autant plus remarquable que les habitants de cette région ne se rattachaient pas tous, comme on le verra plus loin, au même type de civilisation. Quoi qu'il en soit, ce sera spécialement le calendrier des habitants de Mexico que nous prendrons comme sujet d'étude.

L'année civile de ce peuple, aussi bien que des nations voisines, contrairement à ce qui a lieu presque partout ailleurs, se composait de dix - huit mois

(1) Humboldt, *Vue des Cordillères,* etc.

comptant chacun 20 jours, auxquels on ajoutait, comme dans les calendriers Egyptien et républicain (1), cinq jours épagomènes ou complémentaires, afin d'obtenir l'année solaire réelle de 365 jours. Ces épagomènes passaient d'ailleurs pour néfastes (2). Maintenant, chaque mois Mexicain se divisait à son tour, en quatre petites périodes ou semaines de 5 jours chacune, au commencement desquelles l'on tenait le *Tianquiz* ou marché. Peut être la semaine de sept jours, d'origine sémitique, était-elle moins inconnue aux peuples du Nouveau-Monde, qu'on ne serait tenté à *priori* de le supposer (3). Mais enfin, l'on n'en rencontre que de bien vagues réminiscences, et il paraît prouvé que nulle part chez eux, elle n'était employée comme mode normal de comput.

Enfin, treize années Mexicaines ou plutôt Toltèques formaient un cycle appelé *Tlapilli*, analogue à l'indiction romaine. Quatre de ces *Tlapillis* constituaient une période de 52 ans, nommée *xiuhmolpilli* ou « ligature, » dont l'hiéroglyphe consistait, au Mexique, en un faisceau d'herbes ou de joncs. Le *céhuéhuéliztli*. litt. « vieillesse » ou siècle des peuples de la Nouvelle-Espagne, consistait dans la réunion de deux de ces ligatures. Il comprenait, par consé-

(1) Abbé Brasseur de Bourbourg, *Popol-Vuh, le livre sacré*, etc. Introd. page CXIV. (Paris, 1861.)

(2) Mendieta, *Historia ecclesiastica Indiana* ; lib 2°, cap. XIV, p. 98. (Mexico, 1870).—Landa, *Relacion de las Cosas de Yucatan*, avec traduction, par l'abbé Brasseur de Bourbourg ; § XXXIV; p. 205, (Paris, 1864.)

(3) *Traditions des peuples Mexicains ( Le mythe d'Imos)* ; p. 312 du 1er vol· 1872 des *Annales de philosophie chrétienne.*

quent cent quatre années solaires. Ce *Xiuhmolpilli*
était lui-même regardé par les Mexicains, comme
une sorte de grande année, que l'on pourrait assez
exactement comparer à l'année jubilaire des Hébreux.
Par suite, chacun des *Tlapillis* qui la composaient
se trouvait assimilé à une semaine. C'est pour cette
raison que Gomara qualifie de « grandes semaines »,
les cycles de treize ans (1).

Tel était le mode de calcul des temps imaginé ou
adopté, dit-on, par les astronomes indigènes, lors de
leur fameuse réunion dans la cité de Huéhuétlapallan,
vers le commencement de l'ère chrétienne (2). Il
nous fait assez clairement voir à quel degré de per-
fection la science astronomique en était arrivée, dès
lors, chez les populations de la Nouvelle-Espagne.
Étudions maintenant le système de calendrier auquel
il avait donné naissance. Les Toltèques réunissaient
dans ce qu'ils appelaient les « roues » du *Xiuhmolpilli*, ou ligature, la série des hiéroglyphes servant à
distinguer chacune des années du cycle de 52 ans.
Un serpent se mordant la queue entourait la roue. Il
marquait par autant de nœuds, chacune des quatre
indictions ou *Tlapillis*. Dans ladite roue, c'est la
tête du reptile qui indique le commencement du
cycle (3). Il n'en est point ainsi dans les roues mar-

(1) Gomara, *Descripcion de las piedras*, etc.

(2) Veytia, *Historia antigua de Méjico ; t. 1er, cap. 4;
p. 32 et 33 (Méjico, 1836.) — Botturini, *Idea de una nueva
Historia general de la America septentrional;* § 1er; p. 3 et
§ 26, p. 22 (Madrid, 1746.)

(3) Humboldt, *Vues des Cordillères*, p. 127 et suiv. (Paris,
1812.

quant l'année. Le serpent n'y entoure pas les 18
hiéroglyphes des mois, et rien ne caractérise celui
qui ouvrait l'année (1). Quant aux années, on ne distin-
guait jamais par des nombres seuls celles d'un même
cycle de 52 ans. On se servait, au contraire, pour ne
pas les confondre, d'un artifice d'autant plus curieux,
qu'il offre de la ressemblance avec ce que l'on voit
en d'autres pays d'Orient. Les roues ou signes ne se
trouvent ajoutés qu'aux ligatures qui indiquent les
cycles de 52 ans. Le cycle était divisé en 4 tlapillis
de 13 ans, dont les hiéroglyphes étaient ceux de
*Tochtli;* litt. « lapin » *Calli*, litt. « maison »; *tecpatl ;* litt. « silex , obsidienne » et *Acatl ;* litt.
« canne, roseau », et ces quatre signes étaient ajoutés
en une série périodique aux 52 renfermés dans le
cycle. De là, il résulte que deux indictions successives commençaient nécessairement par des hiéroglyphes différents. Le signe placé à la tête d'une indiction devait forcément la terminer et ce même
caractère ne pouvait appartenir au même nombre.
Ce n'était qu'au bout de 52 ans, c'est-à-dire à
l'ouverture du cycle suivant que l'on voyait repa-
raître les mêmes hiéroglyphes précédés de la même
quantité numérale. On se rendra facilement compte
de ce mécanisme ingénieux, mais compliqué par le
tableau suivant. Il représente dans leur ordre respectif, toutes les années du cycle, et nous le donnons
d'après Humboldt.

(1) *Ibid,* p. 138.

| 1re INDICTION. | 2e INDICTION. | 3e INDICTION. | 4e INDICTION. |
|---|---|---|---|
| 1. *Tochtli.* | 1. *Acatl.* | 1. *Tecpatl.* | 1. *Calli.* |
| 2. *Acatl.* | 2. *Tecpatl.* | 2. *Calli.* | 2. *Tochtli.* |
| 3. *Tecpatl.* | 3. *Calli.* | 3. *Tochtli.* | 3. *Acatl.* |
| 4. *Calli.* | 4. *Tochtli.* | 4. *Acatl.* | 4. *Tecpatl.* |
| 5. *Tochtli.* | 5. *Acatl.* | 5. *Tecpalt.* | 5. *Calli.* |
| 6. *Acatl.* | 6. *Tecpatl.* | 6. *Calli.* | 6. *Tochtli.* |
| 7. *Tecpatl.* | 7. *Calli.* | 7. *Tochtli.* | 7. *Acatl.* |
| 8. *Calli.* | 8. *Tochtli.* | 8. *Acatl.* | 8. *Tecpatl.* |
| 9. *Tochtli.* | 9. *Acatl.* | 9. *Tecpatl.* | 9. *Calli.* |
| 10. *Acatl.* | 10. *Tecpatl.* | 10. *Calli.* | 10. *Tochtli.* |
| 11. *Tecpatl.* | 11. *Calli.* | 11. *Tochtli.* | 11. *Acatl.* |
| 12. *Calli.* | 12. *Tochtli.* | 12. *Acatl.* | 12. *Tecpatl.* |
| 13. *Tochtli.* | 13. *Acatl.* | 13. *Tecpatl.* | 13. *Calli.* |

Quoiqu'il en soit, chacun de ces signes d'indiction correspondait en outre à une division de l'espace, à une divinité particulière, à un élément, à une couleur et, comme nous le verrons plus loin, à un animal · symbolique, ainsi qu'à l'une des grandes convulsions de la nature. C'était toujours par l'année *Cé tochtli* que commençait le comput des années du cycle de 52 ans. Or *Tochtli*, constituant l'hiéroglyphe propre du Sud, on voit que cette région était, chez les peuples de la Nouvelle-Espagne, réputée sacrée par excellence, à peu près comme l'Orient chez les Sémites (1).

Le Sud s'appelait, au dire de Sahagun, *Vitzlampa* (*Huitzlampa*). Il correspondait à l'élément de la terre et c'est ce qui nous explique pourquoi on le figurait par l'hiéroglyphe du lapin, (*Tochtli*), animal fouisseur. Le génie protecteur de cette région était *Tonaciyohua*, le dieu de la terre (2).

(1) *De quelques idées symboliques se rattachant au nom des douze fils de Jacob*, p. 228, 233 et 234 du 3e vol. (année 1873-74) des *Actes de la Société philologique.*

(2) Sahagun, *Historia general de las Cosas de Nueva España*, t. 1er; lib. 7e; p. 256 et 257 (Mexico, 1830).

Le même auteur désigne l'Orient sous le triple nom évidemment défiguré de *Tlapcocopa*, *Tlapcope* ou *Tlavilope*. Nous avons évidemment en cet endroit, comme en plusieurs autres du même écrivain, affaire à des fautes d'imprimeur ou de copiste. L'auteur Espagnol interprète ces termes par « soleil, lumière. » Le véritable nom Mexicain de ce point de l'espace nous semble avoir été plus fidèlement conservé par Gemelli qui l'appelle *Tlahuilcopa* (1). L'Est se trouvait en relation avec l'élément de l'eau et avait pour patron *Tlalocateuhtli* ou *Tlalocanteuctli*, litt. « Seigneur du Tlalocan *ou* Paradis terrestre », dieu du principe humide, de la pluie fécondante, et, par suite, de la végétation. Ce rôle est, du reste, indiqué par l'hiéroglyphe *Acatl*, litt. « canne, roseau », appliqué à l'Est et figuré par une sorte de plante aquatique.

Ensuite venait le Nord ou *Mictlampa ;* litt. « Rhumb des morts. » L'on fesait effectivement de cette région, la patrie des ombres, peut-être parce que les ancêtres de la race Mexicaine étaient venus des contrées septentrionales dans la vallée d'Anahuac. C'est ainsi que les noms de *Hawaii*, *Hawaiki* ou même plus anciennement *Sawaiki*, appliqués par les Insulaires de la Polynésie, au séjour des âmes, semblent avoir désigné primitivement l'une des Samoa d'où seraient sortis les aïeux de la race Polynésienne actuelle (2).

(1) Gemelli-Carreri, *Giro del mundo*, t. 6, part. 6°, lib. 1°° (Napoli, 1699-1700).

(2) Gaussin, *du Dialecte de Taïti et des îles Marquises*, chap. dernier.

— 16 —

Tel est, en tout cas, le motif pour lequel les Mexicains ensevelissaient leurs morts, le visage tourné vers le Septentrion.

Le Nord se trouvait placé sous la protection de *Quetzalcohuatl*, le dieu de l'air. Nous ne savons pour quel motif on lui affectait l'hiéroglyphe du *Tecpatl*, (silex, obsidienne). Etait-ce en raison de son caractère funéraire ? L'obsidienne servait à fabriquer non seulement les armes de guerre, mais encore ces couteaux destinés à ouvrir la poitrine du captif sacrifié aux dieux.

La série se trouvait close par l'Occident *Cioatlampa* ou *Sihuatlampa*, litt. « Rhumb des femmes. » Sahagun nous donne la raison de cette singulière dénomination. Mais, avant d'aller plus loin, une courte digression sur la croyance à une autre vie, chez les peuples de la Nouvelle-Espagne, semble nécessaire.

Tout comme les antiques riverains de la vallée du Nil (1), les Mexicains fesaient consister la félicité des âmes bienheureuses, et, pour ainsi dire, divinisées, dans le privilége de servir de compagnes au soleil, pendant sa course journalière. Du reste, une circonstance qui fait bien ressortir le génie à la fois politique et guerrier des peuples d'Anahuac, et ce que nous pourrions appeler le caractère essentiellement patriotique de leur religion, c'étaient les conditions

(1) M. E. Lefébure, *Étude sur la vie future chez les Égyptiens*, p. 8 et suiv. (Châlons-sur-Saône, 1873.)

requises, d'après leur théologie, pour être jugé digne
de la béatitude. Chez les Egyptiens, peuple foncière-
ment hiératique, si nous osons nous servir de cette
expression, le droit d'accompagner l'astre du jour
était assuré à l'âme justifiée au tribunal d'Osiris et
dont le corps avait préalablement été embaumé, suivant les règles consacrées. Au contraire, la religion
Mexicaine n'accordait guère cette prérogative qu'aux
âmes des guerriers frappés sur le champ de bataille
ou à celles des femmes mortes en couches. Les autres
ombres allaient languir dans les cavernes obscures
de la froide région du Nord. Ceci nous rappelle
tout à fait la mythologie scandinave, d'après laquelle
les portes du *Walhalla* ou Paradis d'Odin ne s'ou-
vraient qu'au brave, ayant péri de mort violente. Au
contraire, le *Niflheim*, demeure brumeuse de la pâle
Héla, devenait le séjour de l'homme paisible qui
s'était tranquillement éteint dans son lit (1). Ainsi
encore, chez les Musulmans, celui-là est considéré
comme martyr et, par suite, admis, sans retard, au
bonheur des élus qui meurt dans un combat livré
pour la cause de la religion. L'intention des théolo-
giens de la nouvelle Espague nous semble ici évi-
dente. Ce qu'ils voulaient récompenser, c'était moins
la vertu dans le sens absolu du mot, que les services
rendus à la chose publique. Or, les personnes répu-
tées les plus utiles, au point de vue social, c'étaient
précisément le guerrier qui verse son sang pour la

(1) Le beau *Balder*, l'Apollon du Nord, bien qu'ayant péri
de mort violente, descend dans le Niflheim. C'est qu'il n'a
pas subi un trépas volontaire, et n'est pas tombé sur un
champ de bataille.

patrie et la matrone, laquelle au péril de sa vie, lui donne des défenseurs. On ne saurait douter qu'une telle croyance ne fût tout à fait de nature à rendre les unions fécondes et les hommes intrépides. Nous ne serions nullement surpris, pour notre part, qu'elle n'ait puissamment contribué à l'accroissement de la puissance Mexicaine. En outre, même pour les âmes parvenues à la béatitude, y avait-il un rôle distinct assigné à chaque sexe. L'ombre du guerrier se levant avec l'astre du jour, l'escortait jusqu'à la plage du sud et l'heure du midi, pour retourner ensuite à son point de départ. Une fois arrivé à la plage méridionale, le soleil rencontrait les ombres féminines, qui parties de l'Ouest venaient au-devant de lui, afin de l'accompagner jusqu'à son coucher. Ceci nous rend parfaitement compte de cette expression « côté des femmes », appliquée à l'Occident.

Pas plus chez les Mexicains que chez les Scandinaves, les Indous et les peuples Bouddhistes, la béatitude ne devait être éternelle ou du moins cette même béatitude n'excluait point certains changements d'état qui, à nos yeux, passeraient pour bien considérables. Ainsi l'on croyait généralement sur les plateaux d'Anahuac, les âmes des élus destinées au bout de quatre ans accomplis, à entrer dans le corps d'oiseaux au brillant plumage.

Ajoutons enfin que le génie protecteur de cette région de l'Ouest, c'était *Xiuhteuctli*, litt. « Seigneur de l'herbe », divinité de l'élément igné, en un mot, le Pluton de la Mythologie mexicaine.

Passons maintenant à l'étude des couleurs affectées à ces points de l'horizon. Acosta (1), après nous avoir dit que l'année Mexicaine commençait en mars, vers l'époque de la pousse des feuilles nouvelles, ajoute que les habitants de l'Anahuac employaient pour marquer les années successives de l'indiction de 13 ans, certains hiéroglyphes qu'il énumère dans l'ordre suivant : 1° *Casa* (maison) ; 2° *Conejo* (lapin) ; 3° *Cana* (canne, roseau) et enfin *Pedernal* (silex, caillou). On peignait, nous dit-il, au centre de la roue servant de calendrier, une image du soleil, d'où sortaient en forme de croix, quatre bras qui, s'étendant jusqu'à la circonférence de la roue, divisaient celle-ci en quatre parties égales. Chacun des bras offrait une teinte différente, le vert, le bleu, le rouge et le jaune.

L'auteur, il est vrai, ne nous dit pas à quel bras de la roue, correspondait, en particulier, chaque teinte, mais il serait assez naturel de supposer, à priori, qu'il a suivi un ordre uniforme dans la liste des hiéroglyphes d'années, aussi bien que dans celle des roues et de leurs couleurs ; par conséquent, le signe *Casa* répondrait au vert, *Conejo* au bleu, *Cana* au rouge et enfin *Pedernal* au jaune. Son témoignage se trouverait d'ailleurs corroboré par celui de Gemelli.

Ce dernier écrivain déclare que l'hiéroglyphe du Sud était un lapin sur fond d'azur ; celui de l'Orient, une canne sur fond rouge ; le signe du Nord, une lance à pointe de pierre, dite *Tecpatl*, sur un fond

(1) Acosta, *Historia natural et moral de las Indias*, lib. 6°, cap. 2°, p. 258 et suiv. (Barcelona, 1591).

jaune ; enfin, celui de l'Occident, une maison (*Cagl*
ou *Calli*), dans un champ vert.

L'on ne nous indique pas, il est vrai, le point central comme marqué par une teinte particulière. Cependant on ne saurait douter qu'il n'ait joué un
certain rôle dans la symbolique Mexicaine. Et d'abord,
le témoignage des auteurs cités nous apprend que sa
place se trouvait occupée par l'image du soleil. En
outre, comme nous le verrons plus loin, une relation
étroite existait chez ces peuples entre le nombre des
points de l'espace et celui des cataclysmes successifs
qui avaient ravagé notre globe. Or, les habitants de
l'Anahuac admettaient, ainsi qu'il sera expliqué plus
loin, cinq grands bouleversements de la nature (1).
Les quatre premiers correspondant certainement chacun à l'un de nos points cardinaux, il fallait de toute
nécessité que le cinquième se rapportât à la région
du milieu, au *Nadir*.

Maintenant quelle était la teinte affectée à cette
région ?

Si l'on se rappelle que, d'après la croyance Mexicaine, cette dernière crise destinée à amener la des-

(1) M. Angrand voit, dans ce fait capital, quant à la distinction à établir entre les principaux courants civilisateurs
du Nouveau-Monde, le point de départ du grand schisme dont
le premier Quetzalcohuatl fut en Amérique le promoteur ou
l'apôtre, et, par suite, l'origine de cette diversité de valeur
symbolique attribuée aux nombres 4 et 5 dans chacune des
deux formes de religion dominantes au Mexique avant la
conquête. (L. Angrand, *Notes manuscrites*).

truction de la cinquième race d'hommes, devait avoir pour cause, la disparition du soleil, et l'invasion des ténèbres, il semblerait que le noir seul pouvait lui convenir.

D'ailleurs, la symbolique d'une autre nation de l'Amérique du Nord, se rattachant comme celle des Mexicains, au système quinaire, paraît bien, en effet, ainsi qu'il sera exposé tout à l'heure, faire correspondre la teinte noire au point en question.

Nous aurions, néanmoins, quelque peine à nous figurer qu'il en fût ainsi ; si le noir marquait réellement le centre, pourquoi les Mexicains y dessinaient-ils l'image du soleil, avec une teinte jaune-rougeâtre ?

Hâtons-nous d'ajouter que la symbolique Orientale, offre l'exemple des couleurs rouge et noire concurremment employées comme emblèmes du soleil nocturne, du soleil couché. Oserons-nous nous permettre de rappeler un travail publié, il y a quelque temps déjà, et dans lequel nous nous efforçâmes de démontrer la corrélation existante entre les sept premières pierres de Rational et les sept génies planétaires de la Chaldée ? Ruben répond certainement à Adar-Samdan, le dieu de la planète Saturne et du Samedi (1). Or, si cette déité était à Babylone, caractérisée par la teinte noire (2), l'aîné des fils de Jacob n'en a pas moins pour attribut, une pierre de couleur rouge, ainsi que l'at-

(1) *De quelques idées symboliques se rattachant au nom des fils de Jacob*, p. 241 et 258. (Actes de la Soc. philol., année 1873-1874).

(2) H. Brandis, *Die. bedeutung der Sieben Thore Thebens*, 2° vol. de la revue *der Hermes*.

teste le nom à elle donné de *odem* litt. *rubra*, de la rac. *adam*, litt. « rubuit ». Les uns y veulent voir la sardoine ou cornaline (1) et, d'autres, le rubis (2). Nous inclinerions plus volontiers vers la première hypothèse. En tout cas, l'on est bien certain que dans ce passage de la Bible, il ne peut être question que d'une gemme, ainsi appelée en raison de sa couleur.

Du reste, la différence que nous constatons sur ce point, entre la symbolique Chaldéenne et celle des Hébreux, n'a nullement lieu de nous surprendre. Avant de devenir le dieu de la planète Saturne, Adar avait débuté par être, un peu comme l'Osiris égyptien (3), un personnage solaire, l'emblème du soleil nocturne (4). A ce titre, la couleur rouge ne lui convenait guère moins que le noir, et l'on conçoit que des nations voisines aient pu hésiter entre ces deux teintes.

Maintenant le silence à peu près complet des auteurs sur ce point central, l'effacement de son rôle dans la symbolique Mexicaine, s'expliqueraient d'une façon toute naturelle par cette circonstance de l'introduction du calendrier Toltèque. Ce dernier n'admettait, nous venons de le voir, que quatre indictions dans le cycle de 52 ans. Chacune de celles-ci correspondant à l'un de nos points cardinaux, le *Nadir* se trouvait nécessairement hors d'emploi, mais

(1) *Exode*, chap. 39 ; vers 10 (Traduct. de Le Maître de Sacy.)

(2) Buxtorfii *lexicon Hebraicum* ; p. 7. (Bâle 1545).

(3) M. E. Lefébure, *le Mythe Osirien*, 2e partie (*Osiris*). chap. 3e, p. 158 et suiv. (Paris 1875).

(4) *Ibid*, chap. 3 et suiv.

de sérieux motifs nous obligent à admettre qu'originairement, les choses se passaient de façon différente. La période de dix ans, divisée en cinq *bienna* dont on constate l'existence chez d'autres nations du Nouveau-Monde, fut certainement connue jadis des peuples de race Mexicaine. Or, là où nous la rencontrons, le nombre des couleurs symboliques, lui aussi, s'élève à cinq.

Essayons maintenant de résoudre une difficulté, plus grave, sans doute, en apparence qu'en réalité, mais qui pourrait donner matière à certaines objections. La plupart des peuples qui affectèrent des couleurs distinctes à chacune des divisions, soit du temps, soit de l'espace, telles que saisons, points cardinaux, durent forcément se laisser guider par quelques motifs de symbolisme naturel, lesquels s'imposaient à leur esprit. Ainsi, l'on conçoit le rouge, livrée du sud chez les Sémites (1), les Chinois (2), les Javanais (3) et les Indous (4); emblème de l'été à Rome (5). Cette teinte se trouve, en quelque sorte, l'hiéroglyphe naturel de la flamme, de la chaleur ardente. De même, pour le blanc, qui figurait l'hiver chez les Romains (*Propter nives candidas*, dit Ter-

---

(1) *De quelques idées symboliques se rattachant au nom des douze fils de Jacob*, p. 75 et suiv. (Paris 1874.)

(2) *Le Liki ou mémorial des rites*, traduit par M. J. W. Callery, p. 15, 18 et 45. Turin 1853.)

(3) Raffles et Crawfurd, *Description géographique, historique et commerciale de Java* : p. 324. (Bruxelles 1824.)

(4) *De la symbolique des points de l'espace chez les Indous*, p. 173, 174 et 178 du tome 1er de la *Revue de philologie et d'Etnographie. (Janvier 1875.)*

(5) Tertullien, *de Spectaculis*, chap. 9e.

tullien.) Une raison tout étymologique fit du noir l'emblème de cette même plage du monde, au sein de la race Sémitique, et par suite, chez divers autres peuples d'Orient.

Au contraire, nous ne saisissons pas bien quel rapport les Mexicains auraient pu trouver entre la couleur verte et l'Occident, le jaune et le Septentrion.

Tout au plus concevrait-on le bleu affecté au Sud, puisque cette région répondait à l'élément de la terre, qui est généralement d'un gris tirant plus ou moins sur le bleu. En un mot, leur symbolique, sur le point qui nous occupe, offrait un caractère artificiel, arbitraire, qu'à première vue, on hésite à admettre.

C'est ce qui a conduit de bons esprits à supposer une erreur de la part des écrivains Espagnols. Tout en reconnaissant qu'ils ont pu être exacts en ce qui concerne l'affectation du bleu au Sud et du jaune (ou blanc) au Nord, on les déclarerait coupables d'interversion, quant aux teintes symbolisant l'Orient et l'Occident. Ce serait le vert et non le rouge qui aurait constitué la livrée de l'Est. Par contre, cette dernière nuance devrait être considérée comme celle de l'Ouest. On invoque même, à l'appui de cette manière de voir, l'autorité de Gomara, lequel donne le caractère *Calli*, hiéroglyphe de l'Ouest, pour signe du feu. Or, l'élément igné revêt bien rarement la couleur verte, et sa nuance la plus habituelle, c'est le rouge ou le jaune ardent. Grâce à cette légère rectification, nous dit-on, le symbolisme Mexicain devient bien plus facile à expliquer et à comprendre ; il correspond enfin d'une façon satisfaisante à la réalité des choses. Ainsi l'on conçoit à la rigueur, et pour la raison ci-dessus mentionnée, le bleu pris comme livrée du Sud ; le jaune qui se rapproche du blanc, plus que toute autre couleur désignerait, au besoin, le Nord, considéré comme patrie des neiges et des frimas. En revanche, nulle teinte ne convient autant que le vert à l'Orient, puisque cette région était placée sous la protection du génie du *Tlalocan*, ce paradis terrestre que toutes sortes de plantes rares et utiles embellissent de leur verdure éternelle. Enfin, le rouge dévolu à l'Occident rappelle précisément la couleur du ciel, que le soleil couchant empourpre de ses derniers feux.

A coup sûr, on ne saurait méconnaître tout ce que ces explications renferment d'ingénieux ou même de subtil, mais est-il permis de les déclarer conformes à la vérité des faits ? C'est pour notre part, ce que nous ne croyons guère. D'abord, comment supposer qu'Acosta et Gémelli qui écrivaient à plus d'un siècle d'intervalle et sûrement ne se sont pas copiés l'un l'autre, se trouvent précisément d'accord pour tomber dans une erreur identique ? Ce sont là de ces hasards qui, à première vue, semblent fort peu admissibles.

En second lieu, il s'en faut de beaucoup, que même chez les peuples de l'ancien monde, certaines données de la symbolique des couleurs, affectées aux points de l'espace, se puissent facilement expliquer par des considérations tirées de l'ordre physique. Pourquoi, par exemple, chez les Kabbalistes, est-ce le

blanc qui correspond au Sud, et le rouge au Nord (1) ?
D'où vient, par exemple, qu'en Chaldée, où le jaune
était pris comme emblème de l'Est, ce point de l'espace se trouvait néamoins placé sous le patronage de
*Nébo*, le Dieu de la planète Mercure, dont le bleu constituait la livrée (2) ?

C'est que nous nous trouvons en face de systèmes,
pour ainsi dire factices qui, bien loin de surgir
spontanément de l'inspiration populaire, sont le fruit
des méditations d'hommes appartenant à la classe des
prêtres ou des savants Ces derniers, dans leurs élu-
cubrations, se laissèrent guider par des principes
plus ou moins abstraits, plus ou moins métaphy-
siques, dont il ne semble guère facile de se rendre
compte aujourd'hui.

Effectivement, il en est un peu des données de la
symbolique, comme de celles de la mythologie, car
l'esprit humain toujours et partout identique à lui-
même, suivra nécessairement la même marche, se
développera d'une façon analogue, quelle que soit la diversité des voies dans lesquelles il s'engage.

A cette période primitive si justement qualifiée de
*naturaliste*, et pendant laquelle les déités ne se sé-
parent qu'imparfaitement des phénomènes météoro-
logiques ou astronomiques qui leur donnèrent naissance (3), succède l'âge *légendaire*.

(1) M. P. Nommès, *Du char ou Thrône divin*, p. 244 des
*Actes de la Société de philologie*, t. 4. (Paris, 1874).

(2) J. Brandis, *Die Bedeutung*, p. 263 du 2ᵉ vol. de la Revue *der Hermes*.

(3) M. Max Mueller, *Essai sur la mythologie comparée*
(trad. de M. Georges Perrot) ; chap. 1ᵉʳ, p. 83 et suiv. (Pa-

Tandis que le génie épique commence à se donner carrière, que les poëtes célèbrent dans leurs chants, les hauts faits des demi-dieux et des héros, les divinités de l'époque précédente conquérant la plénitude de leur individualité, passent, suivant l'expression pittoresque d'un orientaliste français, au rang de *personnages à aventures* (1). Puis arrive l'époque *sacerdotale*. Les colléges de prêtres s'organisent et le pontife tend à prendre le pas sur le guerrier. Bientôt, le ciel se réglant sur l'exemple de la terre, une classification rigoureuse détermine le rang et les attributions de chacun des Dieux. C'est alors, également, que l'on s'efforce de réduire en un corps suivi de doctrine, les croyances naïves du vieux temps. Enfin, grâce au progrès de la civilisation, la science s'émancipe du sanctuaire, et à la suite d'une évolution nouvelle, l'on entre dans le siècle de la métaphysique et des spéculations abstraites. Si l'ancienne foi reste encore un objet de vénération officielle, du moins cherche-t-on à en simplifier les dogmes, à interpréter les légendes primitives d'une façon plus morale ou plus rationnelle. Le syncrétisme essaie de donner satisfaction à ce double besoin en ramenant à une sorte d'unité apparente, les différents personnages divins, qu'il considère volontiers comme autant de manifestations d'une puissance unique, comme de simples attributs de l'être suprême. Dépouillés de

ris, 1873.) — M. Michel Bréal, *Hercule et Cacus* ; introduction, p. 6 et suiv. (Paris 1853.)

(1) M. Renan, *Nouvelles considérations sur les peuples sémitiques* dans le *Journal Asiatique* (1859).

leur personnalité, réduits, pour ainsi dire, à l'état de
pures abstractions, les dieux semblent reprendre,
aux jours de la décrépitude, quelques-uns des traits
de leur physionomie native. Par suite, la religion,
devenue un mélange confus de pratiques superstitieuses et de données systématiques, glisse chaque
jour davantage dans la voie de ce Panthéisme vague (1), de ce naturalisme flottant et indécis qui constituent le fond de tous les cultes polythéistes.

Précisément, l'histoire de la symbolique nous paraît offrir une succession de phases semblables, à bien
des égards, L'emblème qui n'était d'abord qu'une
sorte d'hiéroglyphe grossier de l'objet ou de la notion
à exprimer, entre bientôt dans son ère de développement, et si nous osons nous servir de ce terme tourne
à l'allégorie. Abandonnant son sens naturel et immédiat, pour revêtir un caractère métaphorique, il finit
par tirer toute sa signification du rapprochement de
plusieurs idées, souvent fort disparates. Nous voyons
d'ailleurs le nombre des emblèmes se multiplier, leur
emploi se répandre et se généraliser, et s'accroître
la complication de leurs éléments constitutifs à
mesure que le dogme se précise et affermit son empire sur les populations, à proportion surtout du progrès des idées hiératiques et de l'influence sacerdotale.
Une fois la religion fixée d'une façon définitive, les
signes extérieurs changent peu et semblent participer à son immutabilité.

Enfin, au déclin des civilisations, dans ses périodes

(1) M. M. Bréal, *Hercule et Cacus* ; chap. IX.

de labeur dont les sociétés vieillies ne sortent que profondément transformées, un nouveau système de symboles ne tarde point à apparaître. C'est qu'il s'agit de peindre de nouveaux sentiments, d'exprimer des idées également nouvelles ; que des croyances jusqu'alors ignorées, ont fait explosion. Les emblème, jadis en vigueur, se trouvent ou délaissés sans retour ou interprétés d'une façon fort inusitée. Ce phénomène est surtout sensible pour l'époque qui vit les premières luttes du christianisme contre la religion païenne (1). C'est souvent alors aussi que surgissent ces écoles aux allures mystérieuses, avec leur emploi de signes dont l'intelligence n'est accessible qu'aux seuls initiés et qui semblent revendiquer pour principal mérite, une impénétrable obscurité.

Gardons-nous donc de supposer qu'une corrélation facile à établir, se manifeste nécessairement entre l'objet qu'il s'agit de peindre à l'esprit et son expression allégorique. La peine que nous éprouvons à expliquer la genèse des mythes et symboles en vigueur chez les races de l'Amérique, ne nous autorise nullement à suspecter l'exactitude ou la véracité des anciens narrateurs. Elle démontre simplement le caractère, pour ainsi dire théocratique, des civilisations du Nouveau-Monde. Peut-être en pourrait-on tirer encore une autre conclusion. Si, en général, les langues conservent d'autant mieux leur physionomie primitive qu'elles sont restées plus près des lieux qui

(1) *Le mythe de Votan*, p. 108 du 2ᵉ vol. des *Actes de la Société philologique*.

leur servirent de berceau, pourquoi n'en serait-il pas
de même des emblèmes et systèmes symboliques ?
Ceux du nouveau monde se distinguent par leur caractère mystérieux. Il est moins aisé de les ramener
à ces conceptions physiques dont ils tirent nécessairement leur origine, que ceux de l'ancien monde. Ne
serait-ce pas une preuve de leur provenance exoti-
que, et du chemin qu'ils ont eu à parcourir pour per-
dre à ce point, leur physionomie primitive? Ces inductions
tions ne nous sembleraient point à première vue trop
téméraires, et, peut être, la suite de ce travail démon-
trera-t-elle à quel point elles sont réellement fondées ?

Un mot maintenant sur l'ordre de prééminence
accordé à chacun des points de l'espace par les Mexicains. C'est un détail futile, peut-être, en apparence,
mais qui a bien sa valeur chez des peuples dont toutes
les institutions, tous les usages se distinguaient par
leur physionomie si éminemment hiératique. L'on a
vu dans un précédent travail, l'importance extrême
attribuée à cette classification des points de l'horizon
par les premiers sémites. Nous avons recherché quels
motifs les portèrent à faire de l'Orient, la région
sacrée par excellence, tandis que le Midi passait pour
favorable à un moindre degré, que l'Ouest et surtout
le Nord étaient considérés comme néfastes (1). Au
Mexique, les choses paraissent s'être passées un peu différemment. Nous remarquerons tout d'abord que Gemelli et Sahagun suivent exactement le même ordre

(1) *De quelques idées symboliques se rattachant au nom
des douze fils de Jacob*, p. 238 du vol. 3ᵉ des *Actes de la
Soc. philol.*

dans l'énumération des plages du monde, d'abord le midi, puis l'est, enfin le nord et l'occident.

Ce qui prouve bien que nous n'avons point affaire ici à une coïncidence purement fortuite, c'est que nous retrouvons une série identique pour les hiéroglyphes désignant les indictions dans le calendrier. *Tochtli*, signe du sud, marque la 1ʳᵉ année de la 1ʳᵉ indiction. Celle qui commence le 2ᵉ Tlapilli a pour emblème *Acatl*, hiéroglyphe de l'Est; puis arrive *Tecpatl*, indice du Nord et, enfin, *Calli* affecté à l'Ouest. Inutile de faire ressortir quel poids acquiert le témoignage des auteurs Espagnols, lorsqu'il se trouve corroboré par celui d'un monument indigène, tel que le calendrier. L'on sait d'ailleurs qu'au Mexique, tout ce qui touche au comput des temps, se trouvait revêtu d'un caractère éminemment religieux.

Acosta, il est vrai, d'accord avec les autorités que nous venons de citer, pour trois des points de l'espace, place différemment le signe Calli ou « maison » puisque c'est par lui qu'il commmence son énumération. Mais il est seul à procéder de la sorte, et nous devons, par suite, le déclarer convaincu, à cet égard, de peu d'exactitude.

Nulle part, il est vrai, l'on ne nous dit à quel rang se trouvait placée la région centrale, mais comme elle n'occupe qu'un rang tout à fait subordonné parmi les plages de l'univers, nous devons bien supposer qu'elle n'arrivait qu'en dernier lieu.

Fait bien digne de remarque, l'usage Mexicain, en ce qui concerne l'ordre d'énumération des points de l'horizon, semble se retrouver identiquement le même chez d'autres nations policées de l'Amérique du Nord, que régissait un système de civilisation tout différent. C'est un point, du reste, sur lequel nous aurons à revenir.

Nous ne terminerons pas le présent alinéa sans offrir au lecteur un tableau de la symbolique Mexicaine en ce qui concerne les points de l'espace, dans leur corrélation avec les déités du panthéon Atzèque, signes hiéroglyphiques, couleurs, éléments et périodes d'indiction. On remarquera qu'une sorte de prééminence semble accordée aux éléments en raison de leur degré de condensation. La densité et l'état de cohésion de chacun d'eux détermine son rang de primauté, dans l'énumération qui en est faite. Ainsi l'on débute par la terre, pour passer à l'eau, puis à l'air et la série se termine par l'élément igné.

2° *Symbolique Chahta Muscogulgue.* On sait que les tribus appartenant à ce groupe ethnique, occupaient jadis à peu près tout le Sud-Est des Etats-Unis. Voici ce que rapporte Chékili, chef des Creeks inférieurs et supérieurs, dans le discours par lui prononcé, à l'occasion d'une entrevue avec les blancs, en l'année 1775 (1).

Après avoir quitté les régions de l'Ouest (du Mississipi), où se trouvait la bouche de la terre qui les dévorait, la tribu des *Cussitaws* qui, plus tard, fit partie intégrante de la Confédération des Creeks,

(1) M. le D* Brinton, *The national legend of the Chahta-Muskokee tribes*, p. 7 et 8 (New-York, 1870).

arriva près d'une montagne ignivome qui faisait
un bruit comparable à celui du tonnerre, et à laquelle ils donnèrent le nom de « Roi des montagnes. »
M. le D<sup>r</sup> Brinton voit là, non pas un volcan, mais le
symbole de cette montagne céleste qui joue un si
grand rôle dans les traditions Américaines, aussi
bien que dans celles de l'ancien monde (1).

Les Cussitaws recueillirent le feu de la montagne.
C'est là qu'on les initia à la connaissance des herbes
(l'agriculture), ainsi qu'à plusieurs autres secrets, et
le narrateur Indien continue en ces termes :

« De l'Est, leur vint un feu blanc, dont ils ne vou-
« lurent point faire usage. »

« Il leur arriva du *Wahallé* ou Sud, un feu qui
« était bleu, et qu'ils refusèrent également d'em-
« ployer. »

« L'Ouest leur fournit un feu qui était noir, et
« dont ils ne consentirent pas davantage à se servir. »

« Enfin, arriva du Nord, un feu qui était rouge et
« jaune. Ils le mêlèrent avec le feu qu'ils avaient
« pris de la montagne, et c'est le feu dont ils se
« servent aujourd'hui et qui, parfois, fait entendre
« son chant. »

Nous aurons à revenir, par la suite, sur la légende
nationale des Chahtas, mais, dès à présent, le passage
du récit de Chékili ci-dessus mentionné, exige au
moins quelques mots d'explication. Que la symbolique de ces peuples se rattachât au système quinaire,

(1) *Ibid;* p. 10 et 11.

TABLEAU DES COULEURS AFFECTÉES AUX POINTS DE L'HORIZON CHEZ LES INDIGÈNES
DE L'AMÉRIQUE SEPTENTRIONALE.

| POINTS DE L'HORIZON | Système Quinaire | | | Système Quaternaire | | | |
|---|---|---|---|---|---|---|---|
| | Mexicain | Fousanais | Chahta | Dindjié | Nahoa | Maya | Guatémalien |
| SUD | Bleu | Bleu | Bleu | Rouge | Rouge | Jaune | Jaune ou vert |
| EST | Rouge | Rouge | Blanc | Jaune | Jaune | Rouge | Rouge |
| NORD | Jaune | Jaune | Rouge et jaune | Noir | Blanc | Blanc | Blanc |
| OUEST | Vert | Blanc | Noir | Blanc | Bleu ou vert | Noir | Noir |
| CENTRE | Rouge-Orange. | Noir | » | » | » | » | » |

c'est ce qui nous paraît incontestable. Bien que quatre points de l'espace s'y trouvent seuls mentionnés, on ne saurait douter que, primitivement, la cinquième place n'ait été réservée au *Nadir* ou point central. Sans cela, pourquoi deux couleurs à la fois, correspondant à une seule des plages de l'Univers, c'est-à-dire au Septentrion, ce qui fait cinq couleurs symboliques en tout? Evidemment, l'une d'elles avait dû être prise comme emblème de ce point central. Si, par la suite, il cessa de jouer un rôle dans la symbolique des Chahtas, aussi bien que dans celle des Mexicains, du moins, le souvenir de la teinte à lui affectée, ne s'effaça point. Le seul moyen de la conserver, ce fut précisément de la faire correspondre à l'un des points de l'espace, déjà mis en relation avec une autre couleur.

D'ailleurs, les teintes emblématiques sont exactement les mêmes, comme nous le verrons tout à l'heure, et chez les Chahtas, et chez les peuples de Fou-Sang, ce qui prouve bien l'identité originelle du système en vigueur chez les deux races. Or, celui qu'on trouve en usage au Fou-Sang mérite incontestablement d'être regardé comme quinaire.

La corrélation établie par les Chahtas entre chaque couleur et l'un des points de l'espace présente un caractère fort original. L'affectation, par exemple, du bleu au Sud rappelle fort la symbolique Mexicaine, en revanche, celle du noir à l'Occident ne se retrouve guère que chez les Mayas du Yucatan dont le système de symbolique était exclusivement quaternaire.

Serait-ce la preuve d'une influence exercée sur la race
Chahta, par deux formes de civilisation assez notablement différentes, et qui, ni l'une ni l'autre n'étaient
cependant parvenues à les tirer de l'état sauvage ?
Certains indices, ainsi qu'il sera expliqué plus loin,
sembleraient de nature à le faire supposer. Devons-
nous voir dans l'anomalie en question, le fruit du pur
hasard ? Cela serait fort possible. L'on sent bien qu'au
sein de tribus barbares, habituées à vivre presque
exclusivement de pêche et de chasse, les traditions
symboliques ne pouvaient se conserver avec la même
fixité qu'au sein de nations sédentaires et policées, et
qu'elles couraient risque de subir de nombreuses et
profondes altérations. En tout cas, l'affectation du
blanc à l'Est et du rouge ainsi que du jaune au Nord
ne semble se retrouver nulle part ailleurs, du moins,
dans le Nouveau Continent. L'on remarquera que
l'ordre d'énumération des points de l'espace, donné
par le chef des Creeks, diffère en un point important
de celui que nous rencontrons en vigueur, chez les
populations de la Nouvelle Espagne. C'est l'Est, et
non plus le Sud qui ouvre la série, et ce dernier
point n'occupe que le second rang. Enfin, si l'Ouest
et le Nord arrivent dans leur ordre régulier, une
sorte de suprématie n'en semble pas moins attribuée
à cette plage de l'univers, sur toutes les autres, puisque c'est : 1° la seule région caractérisée à la fois par
deux nuances différentes ; 2° la seule également d'où
les Chahtas consentent à tirer le feu qu'ils mêlent
à celui que leur avait fourni la montagne sacrée. Dé-

terminer la cause d'une semblable anomalie ne paraît point chose facile. Ce n'est pas, sans doute, qu'ils vénérassent le Nord, comme l'ancien berceau de leur race. La tradition les ferait plutôt venir de l'Ouest. D'ailleurs, le souvenir conservé par les Mexicains, de l'origine boréale de leurs ancêtres, ne les portât jamais à voir dans le Septentrion, une région sacrée par excellence. Ils s'étaient bornés à en faire le pays des morts, comme le prouve le nom Mexicain de ce point de l'horizon. Peut-être, serait-ce que les Chahtas avaient emprunté d'un peuple vivant au Nord de leur pays, quelques éléments de civilisation. On le pourrait, à la rigueur, inférer d'un passage assez obscur de leur légende nationale. Sitôt après leur arrivée au pied de la montagne ignivome, nous les voyons initiés à certaines notions d'agriculture, et c'est à la suite de cet événement, qu'ils reçoivent les feux destinés à être mêlés au leur. Vraisemblablement, l'élément igné joue dans les traditions de cette race, le même rôle que l'apparition du soleil, dans celles des peuples Guatémaliens (1). C'est-à-dire qu'il est pris comme emblème, soit de la vie policée, soit, tout au moins, de la fondation de la cité, de la tribu s'établissant à poste fixe dans les terres conquises et des débuts de l'organisation sociale.

(1) Abbé Brasseur : *Histoire des nations civilisées du Mexique ;* t. 1er, liv. 1er, chap. 4e, p. 113 et 120 : liv. 2e, chap. 2e, p. 173 (Paris 1857.) — *Popol vuh, le livre sacré,* introd. p. CXIII ; 1re part., chap. 4e, p. 31 (en note); 3e partie, chap. 1er, p. 195 ; chap. 4e, p. 213 et chap. 9e, p. 241. — Abbé Brasseur, *Recherches sur les ruines de Palonqué,* chap. 7e, p. 72.

Ajoutons que si plusieurs teintes employées par les Ch⸱htas et les peuples de Fou Sang, comme emblèmes des points de l'espace, sont très-différentes de celles que nous trouvons usitées au Mexique, pour le même usage, cette diversité elle-même ne doit pas être considérée comme fortuite. Elle paraît résulter de l'application de certaines règles fort précises et parfaitement déterminées. Toutefois, pour être plus facilement compris du lecteur, nous renvoyons l'étude de cette intéressante question, à la fin du prochain alinéa.

3° *Symbolique des peuples de Fou-Sang*. On a longuement discuté sur la position réelle de ce mystérieux pays de *Fou Sang*, situé à l'Ouest de la Chine et que des pélerins Bouddhistes visitèrent vers la fin du V° siècle de notre ère. Les uns prétendaient en faire une province de l'Asie (1), les autres l'ont sans hésitation, placé dans l'Amérique septentrionale, sur les côtes du Pacifique. C'est l'opinion de ces derniers qui prévaut généralement aujourd'hui, et celle que, pour notre compte personnel, nous croyons seule fondée. Certains arguments nouveaux et dont on n'a point encore songé à tirer parti, nous semblent même, on le verra dans un autre travail, pouvoir être invoqués en sa faveur. Au reste, nous n'avons point à tenter ici la solution de ce problème géographique, et nous nous bornerons à donner un résumé de l'état

(1) Klaproth, *Recherches sur le pays de Fou-Sang*. (Voy. *Nouvelles Annales des voyages*, 13ᵉ année, juillet 1831, p. 52 et suiv.)

actuel de la question dans le mémoire en question.

Quoi qu'il en soit, le noble *Ichi* (c'était le titre donné au prince de Fou-Sang), changeait, nous dit Deguignes, de vêtements tous les ans (1). Si l'allégation émise par notre docte compatriote n'est point, nous le verrons tout à l'heure, d'une rigoureuse exactitude, les expressions dont il se sert, laissent, elles aussi, quelque peu à désirer sous le rapport de la clarté. A coup sûr, l'on ne s'avisera guère de les prendre au pied de la lettre, et d'en conclure que le monarque ci-dessus mentionné, poussait la malpropreté au point de ne changer de linge, qu'une seule fois en toute l'année. Il s'agit évidemment ici d'une livrée particulière, de couleurs plus ou moins symboliques, que le souverain devait successivement arborer, suivant les diverses périodes cycliques. Cette interprétation n'offre, d'ailleurs, aujourd'hui, plus rien d'hypothétique. Elle est seule compatible avec la traduction plus complète et plus exacte du texte chinois, donnée par un érudit Allemand (2). La nuance du costume du *Ichi*, nous est-il dit en termes précis, variait de deux en deux ans, pendant les révolutions du lustre décennal, en vigueur au Fou-Sang, aussi bien

(1) Deguignes, *Recherches sur les navigations des Chinois.* Voy. *Mémoires de littérature tirés des registres de l'Acad. royale des inscriptions et belles-lettres*, p. 503 et suiv. (Paris, 1761.)

(2) M. Neumann : *Mexiko in V<sup>e</sup> Jahrhundert unser Zeit rechnung nach Chinesischen Quellen.* (Voy. *Ausland*, année 1845, n° 168.) — H. Ch. Lassen : *Indische Alterthumskunde*, 4<sup>e</sup> vol., p. 749 et 750. (Leipzig, 1861.)

qu'à la Chine. Dans le cours des deux premières
années, les vêtements du souverain étaient bleus, et
rouges pendant les deux suivantes. Le troisième *bien-
nium* était marqué par un costume jaune. Ensuite,
le prince de *Fou-Sang* arborait un uniforme blanc,
et c'était en habits noirs qu'il devait terminer la période cyclique. Nous retrouverons chez un assez
grand nombre de populations Asiatiques, cette affectation de teintes spéciales à certaines divisions du
temps. Nulle part, il est vrai, l'on ne nous dit que ces
couleurs correspondissent chez le peuple de Fou-
Sang, aux points de l'espace, mais les plus sérieux
motifs nous conduisent à le supposer. Leur complète
identité avec les nuances emblématiques des Chahtas,
leur très-grande similitude avec celles dont faisaient
usage les Mexicains, démontrent assez clairement
l'existence d'un même ensemble de données symbo-
litiques chez les trois races. Or, au Mexique comme
dans la Louisiane, ce qui caractérise surtout l'emploi
des dites couleurs, c'est présisément leur affectation
aux diverses régions de l'espace. Reste maintenant à
déterminer à quel point de l'horizon, en particulier,
correspondait chaque année du lustre, chacune des
nuances en question, et chacun des vêtements allé-
goriques du *Ichi*. Les couleurs sus-indiquées se trouvant les mêmes que celles des Louisiannais, nous
avions d'abord supposé que chacune d'elles se pouvait
bien trouver en relation avec le même point cardinal ;
toutefois, après mûr examen, nous dûmes abandonner
cette opinion comme peu soutenable. Le système

symbolique spécial aux Chahtas ne semble pas, nous l'avons déjà vu, exempt de profondes altérations, D'ailleurs, l'énumération des teintes en question diffère et dans le récit de Chékili et dans celui des moines Bouddhistes. D'après le premier, l'on a la série, blanc, bleu, noir, rouge et jaune ; le second nous donne, bleu, rouge, jaune blanc, noir. Si, au contraire, nous admettons, ce qui à priori semble fort vraisemblable, qu'un peuple policé comme celui de Fou Sang, avait dû conserver l'ordre d'énumération, généralement en vigueur chez les nations civilisées de l'Amérique, pour les plages de l'univers, nous reconnaîtrons l'identité presqu'absolue de son système de symbolique avec celui des Mexicains. Des deux parts, l'on indique d'abord, le bleu, livrée du Sud ; puis arrive le rouge, en sa qualité d'emblème de l'Orient. Chez l'un comme chez l'autre des deux peuples, le jaune, signe du Nord, se présente en troisième lieu. Une divergence, il est vrai, apparaît pour la teinte affectée à l'Ouest. C'était le vert à Mexico, et au contraire, le blanc pour les sujets du *Ichi*. Rappelons à ce propos, que d'après les données orientales, le vert et le blanc ont souvent une valeur symbolique identique, et se remplacent volontiers, l'un par l'autre. Ainsi, précisément, l'Ouest était chez les premiers Sémites, ainsi qu'à Babylone, caractérisé par l'emploi de la couleur blanche, tandis que d'après la Genèse, c'est le vert qui lui sert d'emblème (1). Une observation

---

(1) *De quelques idées symboliques*, etc., p. 247. Ainsi l'Emeraude, qui est une pierre verte, se trouve parmi les

analogue a déjà été faite relativement aux nuances
affectées à divers génies planétaires.

Voici donc quelque chose d'analogue à ce que
les chimistes appellent *loi des équivalents* : deux couleurs parfaitement dissemblables et pouvant, néanmoins, être à l'exclusion de toutes les autres, prises
chacune comme expression de la même idée allégorique. Que l'on ne s'étonne point, au reste, de nous
voir ainsi chercher en Asie, la solution d'un problème de symbolique américaine. Nous ne faisons ici
que suivre un illustre exemp'e, celui de Humboldt.
La lecture du présent travail démontrera clairement,
si nous osons nous exprimer de la sorte, que le Nouveau-Monde n'est pas toujours explicable par lui seul,
et indépendamment des données orientales. Enfin,
particularité digne de remarque : la couleur noire
dont nous n'avons pu établir que d'une façon toute
conjecturale, l'ancien emploi au Mexique, joue ici un
rôle à peu près aussi important que les autres nuances,

gemmes du rational, affectée à *Lévi*. Néanmoins ce patriarche
correspondait au *Shamash* ou plutôt au *Shin* chaldéen, caractérisé par la couleur blanche. Nous retrouverons un exemple
nouveau du même fait en ce qui concerne les cinq dernières
pierres du rational. Elles correspondent certainement aux
points de l'horizon, y compris le point central. Si Dan figuré
par la pierre d'or ou chrysolithe, y représente le Levant, bien
que sa tribu occupe le Sud-Ouest de la Palestine, c'est que
pour déterminer l'Est et l'Ouest symboliques, fort différents
de l'Est ou de l'Ouest réels, l'on s'orientait sur le soleil
levant. Le même motif a fait d'Aser, situé au Nord-Ouest, le
patron de l'Occident. Or, sa gemme (le ligure) est de couleur
verte, tandis que chez les Chaldéens, le Couchant apparaît
toujours marqué par la teinte blanche.

et paraît bien correspondre à la région centrale. Ce sont là de ces traces d'archaïsme faciles à expliquer chez un peuple dont la civilisation remonte beaucoup plus haut, relativement, que celle des autres races américaines.

### § 2. — SYSTÈME QUATERNAIRE.

Il se distingue du précédent, d'abord et naturellement en ce qu'il n'admet jamais plus de quatre couleurs symboliques, et quatre points de l'espace, aucun rôle ne se trouvant assigné au *Nadir* ou point central. En outre, il rejette à peu près complètement l'emploi de la teinte bleue employée par les races sus-mentionnées, comme emblème du Sud. L'usage de la couleur verte usitée dans l'Anahuac, comme livrée de l'Ouest, lui est également inconnue, sauf dans un seul cas, celui d'une influence directement exercée par les civilisateurs Mexicains. En un mot, les nuances sont en principe, et partout, les mêmes chez les populations suivant la méthode quaternaire, bien qu'elles ne correspondent pas toujours aux mêmes régions de l'espace et ne se trouvent point énumérées dans le même ordre. Nous ajouterons, du reste, que les couleurs désignant, chez ces races, les quatre plages du monde, ne leur appartiennent point, si l'on peut s'exprimer ainsi, en propre, et qu'elles se retrouvent toutes au sein des nations suivant le système quinaire. En tout cas, ce que l'on ne saurait contester, c'est l'existence primordiale d'un type unique d'où

— 44 —

dérivent tous les systèmes à l'étude desquels va être
consacré le présent chapitre, et ce type différait du
précédent, au moins par l'absence d'une couleur
symbolique.

1° *Symbolique Dindjié.* Le R. P. Petitot, des mis-
sions de Mackensie, nous fait connaître l'apologue
relatif aux couleurs des points de l'espace, en vigueur
chez une des peuplades les plus boréales du Nouveau-
Monde, les *Dindjié* ou *Loucheux* du Bas-Mackensie.
Elle lui fut racontée à l'île d'Orignal, dans le *grand lac
des esclaves* et en langue Chippewayenne, par un
Indien Loucheux du nom de *Tuldhulé-azé*, litt. « Le
petit à la face creuse. » Ce dernier avait été capturé
dans sa jeunesse, par les Chippewayans et élevé
au milieu d'eux  Voici la traduction française, aussi
littérale que possible de son récit (1) :

« Tout au commencement, deux frères étaient seuls,
« qui se perdirent sur mer. L'aîné d'entre eux dit à l'au-
« tre : mon cadet, notre patrie ne ressemble pas à (la terre
« où nous venons d'aborder). Ces sapins ne sont pas
« ceux de notre pays. Hélas, mon aîné, reprit le se-
« cond, nous sommes certainement bien malheureux.
« Comment retournerons-nous dans notre pays ? Les
« deux frères étant partis de là, virent, tout à coup,
« un grand nombre d'hommes arriver dans des bar-
« ques. Ceux-ci s'étant approchés des deux frères, leur
« dirent : Venez donc avec nous, vous autres ? Les

(1) Le R. P. Petitot, *Une tradition des Loucheux ou
Dindjiés,* p. 201 et suiv. du t. 2° de la *Revue de Philologie et
d'ethnographie.* (Paris, 1876.)

« jeunes gens répondirent qu'ils y consentaient. Alors
« l'on débarqua, l'on mangea ; puis, étant remonté
« dans les embarcations, on gagna le large. On arriva
« au pays de l'Est, chez les *hommes jaunes*. On resta
« un court espace de temps avec eux, on fit des
« échanges, puis on repartit. »

« Ensuite, l'on se dirigea d'un autre côté, vers une
« autre nation, toute composée d'hommes noirs. On
« ne séjourna pas parmi eux, car ils n'étaient pas
« bons. »

« S'étant dirigé vers le Sud, vers l'Ouest (le Sud-
« Ouest ?) on visita les hommes blancs. On fit aussi le
« commerce avec eux et ces hommes blancs donnèrent
« beaucoup de choses aux voyageurs. Après un long
« espace de temps, l'on repartit, et l'on gagna les
« bords de la rivière qui s'écoule du soleil (le Sud ?)
« On arrive, l'on débarque et l'on séjourne un temps
« assez long avec les gens de ce pays qui étaient
« rouges. »

« Lorsque l'on repartit, les deux frères dirent à
« leurs compagnons de route : « Ici, nous cesserons de
« vous accompagner. Nous voulons demeurer en ces
« lieux. » « Faites comme vous voudrez, leur répondit-
« on. En conséquence, ils s'établirent en ces lieux, et
« y demeurèrent toujours. »

« Longtemps, les deux frères habitèrent parmi les
« gens de ce pays. Enfin, les deux frères rencon-
« trèrent un homme et une femme très-âgés et dont
« la chevelure était toute blanche. Ils demandèrent
« aux jeunes gens, qui ils étaient ? « Nous sommes

« répondirent-ils, deux frères, qui, au commencement,
« dès notre plus jeune âge, nous éloignâmes de notre
« pays. Etant montés en barque, nous nous égarâmes,
« et avons visité toute la terre. »

« L'homme âgé répondit : « N'êtes-vous pas les deux
« frères qui se perdirent au commencement, alors que
« la terre venait de naître ? N'êtes-vous pas nos enfants,
« à ma vieille femme et à moi ? Car eux aussi, ils se
« sont égarés de la sorte. »

« Oui, sans doute, répliquèrent les deux frères, et
« ils demeurèrent avec leur père et leur mère. Ce sont
« là, ainsi que le rapporte la tradition, nos ancêtres, et
« c'est bien d'eux que nous descendons. Ainsi finit
« l'histoire du petit à la face creuse. »

Le savant missionnaire de qui nous tenons cette
curieuse légende affirme qu'on la retrouve sous une
forme plus ou moins altérée chez toutes les tribus de
race *Dinné-Dindjié*. La question que leur pose le
vieillard : « Seriez-vous ces deux frères que l'on disait
« perdus depuis le commencement du monde ? » fait
assez clairement ressortir son caractère mythique et
même cosmologique.

Le R. P. ne semblerait point même éloigné de
croire que ces deux frères représentent ici le couple
primordial d'Adam et d'Eve. En effet, les légendes de
la race Dindjié ne font que rarement mention des héros
du sexe féminin. La femme s'y trouve le plus ha-
bituellement, mais non toujours, remplacée par le
*frère cadet*, cause de l'infortune de son aîné. Cette
substitution ne permettait point de rattacher par un

lien de filiation direct, les hommes de couleurs variées
qui occupent les diverses régions du globe à nos deux
héros. On se contente de nous rappeler que ceux-ci
allèrent successivement les visiter.

Notre savant compatriote avait d'abord supposé
que l'idée d'attribuer ainsi l'une des quatre couleurs
en question à chacune des fractions de l'espèce hu-
maine, aurait pu être le résultat des relations avec les
blancs qui, à de rares intervalles, ont commencé depuis un siècle environ à visiter le pays des *Dinnés*.
C'est par eux que ces Indiens auraient appris l'existence de la race nègre et même celle de la race
jaune. Il rappelle, à ce propos, l'étonnement que lui
causa la description si exacte du singe, à lui faite, par
les Esquimaux de la mer Polaire ; et le souvenir que
certaines tribus arctiques semblent avoir conservé
d'animaux propres aux régions tropicales (1). Nous
essayerons plus loin d'expliquer ce singulier phénomène. En tout cas, ce qui décida le docte missionnaire à changer d'avis, c'est que l'Indien de la bouche
duquel il tenait ce récit, homme déjà âgé et père
d'enfants eux-mêmes mariés, ne connaissait absolument en fait de races humaines, que les peaux-rouges,
les blancs et les Esquimaux. Ce fut avec surprise qu'il
apprit l'existence d'hommes jaunes et même noirs.

« Il serait bien permis, ajoute le père Petitot, de
« ne voir dans cette légende, que le récit des aven-

_______

(1) Le R. P. Petitot : *Rapport succinct sur la géologie des
vallées de l'Athabaskaw-Mackenzie.* (Appendice), p. 73 et suiv.
(Paris, 1875.)

« tures de deux frères qui, entraînés loin de leur pays,
« par la tempête, auraient longtemps navigué, au
« hasard, dans l'Océan Pacifique. » Recueillis par des
voyageurs qu'ils auraient suivis dans leurs pérégri-
nations nautiques, on les aurait enfin réintégrés à
l'embouchure du *Yukon.* Ce fleuve suit effectivement
la direction de l'Est à l'Ouest; et c'est ce qui aurait
donné occasion de le désigner sous le nom de « Rivière
venant du soleil. »

A nos yeux, cette légende se rapporte tout entière,
et aux origines du monde et à celles de l'espèce hu-
maine, confondue par les Indiens Dendjiés, avec les
origines de leur propre race. Ainsi qu'il arrive d'ordinaire dans les récits de cette nature, un rôle se
trouve assigné aux points de l'horizon, lesquels per-
sonnifient notre terre, dans son opposition au monde
supérieur et céleste (1). Ces *plages de l'Univers* apparaissent sous les emblèmes de quatre nations de
couleur différente. Le jaune nous est donné, on vient
de le voir, comme emblème de l'Orient. Les hommes
blancs se trouvent placés au Sud-Ouest, mis là,
sans doute, pour l'Ouest. Il y a bien lieu de croire
que les hommes noirs répondent au Nord, puisqu'ils
nous sont donnés comme méchants et que pour les
Indiens du Mackensie, le Septentrion doit être la
région triste et désolée par excellence. Il ne reste
donc plus que le Sud que nous puissions assigner aux
hommes rouges, et cette rivière qui découle du
soleil, nous paraît plutôt se diriger du Midi au Nord,

(1) M. l'abbé Ancessi, *l'Egypte et Moïse* (Paris, 1875).

que de l'Orient à l'Occident, le Sud étant la région spécialement affectée au soleil. Dans ce cas, le cours d'eau en question pourrait bien être le Mackenzie lui-même. Du reste, ainsi qu'on le verra par la suite de ce travail, la comparaison avec la symbolique de diverses autres races rend, pour le moins, très plausible l'assimilation que nous avons tenté d'établir entre les couleurs et des points de l'espace chez les Loucheux.

Par une coïncidence, sans doute fortuite, mais qui n'en mérite pas moins d'être signalée, la distribution des races dans ces régions boréales correspond un peu aux données de la légende. Ainsi, les peuplades Esquimaudes les plus septentrionales, sont également celles dont le teint est le plus foncé. Il finirait même, au dire de certains voyageurs, par se rapprocher singulièrement de celui des noirs d'Afrique. Toute la région de l'Est, jusqu'à la nouvelle Angleterre semble avoir, même à une époque assez rapprochée de la nôtre, été peuplée de tribus d'Eskimaux dont la coloration jaunâtre rappelle plutôt celle des races Mongoliques que la teinte bistrée du Peau-Rouge ; à l'Ouest et au Sud-Ouest, vivent aujourd'hui encore des populations telles que les Tchouktchis que de savants anthropologistes n'hésitent point à rattacher à la race blanche ou caucasienne. N'oublions point, d'ailleurs, que dans le fa-

_______

(1) *The Myths of the New-World.* chap. 1ᵉʳ, p. 23 (en note).

meux récit du sauvage *Moncacht-api*, les Japonais qui venaient visiter la côte Nord-Ouest de l'Amérique septentrionale sont, malgré leur teint olivâtre, mentionnés comme blancs, à cause de leur carnation beaucoup plus claire que celle de l'Indien pur sang. Enfin, le cours supérieur du Mackenzie dut être occupé, depuis un temps immémorial par des tribus de race indienne. Or, c'est là précisément que la légende placerait ses hommes rouges. Hâtons-nous, toutefois, d'ajouter que les Loucheux et les Chippewayans n'avaient pas, sans doute, poussé leurs recherches ethnographiques assez loin pour qu'elles aient pu influer sur le développement de leurs légendes nationales. La raison d'être de ces affectations de couleurs aux divers points de l'espace, nous semble exclusivement symbolique.

En tout cas, l'ordre d'énumération des couleurs et points de l'espace chez les Dendjés, semble notablement différent de celui que nous avons trouvé précédemment. Effectivement, il débute par l'Est et la couleur jaune, pour passer ensuite au Nord et à la couleur noire, puis à l'Ouest, symbolisé par le blanc. Il se termine enfin par le Sud, auquel le rouge se rouve affecté.

2° *Symbolique des Indiens Castors*. Un vestige de cet emploi de couleurs emblématiques, un peu effacé, à la vérité, paraît se rencontrer chez les Indiens Castors. D'où le nom ethnique par lequel ils sont désignés. Quoi qu'il en soit, les sorciers et jongleurs de ce peuple, qui font en même temps, comme chez une foule d'autres tribus de Peaux-Rouges, office de médecins, se servent pour leurs cures, d'une sorte de tambour peint en rouge, blanc, bleu et noir. Après avoir présenté leur instrument au malade qu'ils viennent visiter, ils en accompagnent le battement d'une espèce de mélopée lugubre et larmoyante (1). L'on ne nous dit pas, il est vrai, que ces couleurs fussent considérées comme représentant les points de l'horizon, mais d'après tout ce que nous savons des idées et pratiques des Indiens, d'après même ce que l'on vient de voir, il est plus que permis de le conjecturer. On remarquera ici l'emploi de la couleur bleue, qui ne figure nulle part ailleurs dans les systèmes de symbolisme, fondés sur la donnée quaternaire. Vraisemblablement, il conviendrait de voir là un vestige d'influence exercée par des peuples qui, eux, suivaient la méthode quinaire. Quoiqu'il en soit, si nous admettons la corrélation entre les couleurs susmentionnées et les régions de l'univers, il sera difficile de ne point admettre que le bleu répondait au Sud, comme chez les Mexicains, peuple du Fou-Sang et Chahtas. Effectivement, dans tous les exemples que nous avons pu rencontrer, cette teinte ne possède jamais d'autre valeur emblématique.

Il est fort vraisemblable que, pour tout le reste, la symbolique des Castors se rattache exclusivement à celle des autres peuples que nous étudions dans le

(1) Mgr Faraud : *Dix-huit ans chez les sauvages*, 1ʳᵉ partie, chap. 24, § XII, p. 220.

présent chapitre. Sans cela, la présence de la teinte noire resterait inexplicable. Effectivement, dans le système quinaire, elle ne pourrait guère répondre qu'au point central, et d'après le peu de données qui nous sont transmises sur la symbolique des Castors, ils n'auraient possédé que quatre couleurs emblématiques. Chacune d'elles devait correspondre à l'un de nos points cardinaux et aucune, par suite, ne se trouvait applicable au *Nadir*. Maintenant, à quel point de l'espace, en particulier, se rattachait chacune des trois autres teintes dont on vient de parler? C'est ce qu'en l'absence de renseignements plus précis, il serait assez malaisé de fixer. Si, ce qui du reste, ne semble que médiocrement probable, le système Castor se rapprochait de celui des Yucatèques, le blanc aurait constitué, comme on le verra tout à l'heure, la livrée du Septentrion, et le rouge, celle de l'Est. Le noir serait donc resté pour l'Occident. Dans l'hypothèse d'une affinité avec la donnée Dindjié, ce serait le rouge qui aurait marqué le Sud, et le noir le Septentrion, mais alors pourquoi cette substitution du blanc au jaune, comme livrée de l'Orient? Il va sans dire que nous ne pouvons rien préciser en ce qui concerne l'ordre hiérarchique qu'auraient suivi ces peuples dans l'énumération des points de l'horizon.

3° *Symbolique Nahoa.* Nous désignons par cette épithète, faute de pouvoir en trouver une plus satisfaisante, la méthode de symbolique mentionnée par les auteurs, à propos des quatre temples élevés par Quetzalcohuatl, le roi prophète des Toltèques, dans la métropole de ses Etats, à Tollan (1). Ce personnage passait pour fils du conquérant Toltèque *Totépeuh* et de la princesse Chimalman, laquelle commandait à des populations de race indigène. Rien d'étonnant, par suite, à ce que la légende de Quetzalcohuatl contienne certains éléments qui ne sont pas mexicains, dans le sens rigoureux du mot.

Quoi qu'il en soit, les édifices dont nous venons de parler, accompagnés chacun d'un palais, se trouvaient orientés suivant les points cardinaux, et étaient consacrés aux principales déités du panthéon Toltèque. Les teintes des matériaux dont ils étaient composés sont identiques à ce que nous trouvons en vigueur chez les races de la Nouvelle-Espagne, mais elles apparaissent rangées dans un ordre différent, et qui semble, nous nous efforcerons de le démontrer dans la suite de ce travail, offrir un caractère primitif et archaïque. L'on ne voit pas, du reste, l'édifice qui aurait correspondu au point central, figuré chez les races d'origine Mexicaine, par l'image du soleil.

Et d'abord, le temple d'or, situé à l'Est, et ainsi nommé à cause des lames ciselées de ce métal, dont il était enrichi, devait répondre à la couleur jaune. A l'Ouest se voyait le temple des émeraudes ou des turquoises, lequel répondait, soit au vert, soit, plus probablement, au bleu. Au Sud, se voyait le temple des coquillages. C'étaient de tous les matériaux indiqués par les auteurs, les seuls qui pussent affecter la teinte rouge. Enfin venait, au Nord, le temple d'albâtre, le-

(1) Sahagun, *Hist. de N. España*, lib. X, chap. 19.

quel naturellement ne pouvait être que blanc. Nous retrouvons dans tout ce système, quelques points de ressemblance avec celui des Dindjés. Ainsi, des deux parts, l'énumération des points de l'espace commence par l'Est, auquel le jaune est affecté, tandis que le rouge apparaît comme livrée du Sud. Ne conviendrait-il pas de voir là autant de traces d'archaïsme. D'un autre côté, l'affectation du blanc au Septentrion rappellerait l'usage Yucatèque. Enfin l'influence Mexicaine proprement dite se pourrait bien faire sentir dans l'emploi du bleu ou plutôt du vert, comme symbole de l'occident.

4° *Symbolique Maya*. C'est peut-être au Yucatan que ce symbolisme des couleurs a reçu les plus amples développements, au moins en ce qui concerne les computs chronologiques. D'ailleurs, après les Culhuas de Mexico, nulle d'entre les nations policées de l'Amérique du Nord ne nous est mieux connue que les Yucatèques On sait que, d'après la doctrine théologique en vigueur chez ces peuples, le rôle de soutien du ciel, dévolu par les Grecs à Atlas, par les Indous aux quatre ou même aux huit éléphants de l'espace, se trouvait partagé entre quatre frères appelés *Bacabs* (1), litt. « images creuses, idoles ». Le créateur les avait, dit-on, placés aux quatre coins du monde afin qu'ils empêchassent le ciel de tomber sur terre. Aussi, les désignait-on parfois du nom de *colonnes des cieux*. A chacune de ces déités, correspondait

(1) Landa, *Relac. de las cosas de Yucatan*, § XXXIV et suiv. (p. 203 et suiv.)

l'hiéroglyphe marquant l'un des jours de chaque quint, entre lesquels étaient répartis les 20 jours du mois toltèque. Il semblerait donc que le nom et l'hiéroglyphe du premier de ces jours eût dû être aussi celui du premier des Bacabs, ou du moins lui correspondre d'une façon quelconque. Par une bizarrerie que nous ne nous chargeons pas d'expliquer, il n'en était point ainsi. C'était par *Imix* ou *Hun Imix*, identique au *Cipactli* Mexicain que s'ouvrait l'année Maya. Au contraire, le premier des Bacabs portait le nom de *Kan* ; litt. « jaune » ou mieux *Can* « serpent » qui était celui du 4ᵉ jour de leur mois, aussi bien que de son hiéroglyphe. Ajoutons, du reste, que les Mexicains s'écartaient encore plus de l'ordre naturel, puisque le premier de leurs signes d'indiction se trouvait, d'après Gemelli, être *Tochtli*, nom du 8ᵉ des jours du mois (1). Quoi qu'il en soit, chez les Mayas, le signe du 1ᵉʳ des Bacabs étant celui du 4ᵉ jour, le signe et le nom de la seconde de ces déités étaient identiques à ceux du 9ᵉ des jours du mois, et ainsi de suite pour les deux derniers.

En tout cas, le premier des Bacabs servant, suivant l'expression de Landa, de présage à cette 4ᵉ année de l'indiction, était *Hobnil*, litt. « ventre, entrailles » appelé également *Kanal Bacab*, litt. « Le Bacab jaune » ou *Kan pau ahtun*, litt. « le filet jaune du *Tun* ou tambour sacré, identique au *Téponaztli* des

(1) *Le Mythe d'Imos*, p. 71, 142 et 145 du 2ᵉ vol. 1872 des *Annales de philosophie chrétienne*.

Mexicains, au *Tépanaguaste* (1), de la légende Vota-
nide, au *Tinco* des Chiapanèques (2). C'est par erreur
que l'abbé Brasseur a écrit *Kan pauah tun*, ce qui
ne signifierait rien du tout. Cette divinité était encore
appelée *Kan xib Châc*, litt. « le faune, divinité cham-
pêtre mâle, (d'où *Xibe*, ou en Tzendale, *Chive*, habi-
tant de *Xibalba*, ou *Valum·Chivim*) (3) jaune ». A ce
dieu correspondait le signe d'indiction *Kan*, litt.
« jaune. » Nous croyons entrevoir ici la cause pour
laquelle la divinité présidant à ce signe, était prise
comme le premier des Bacabs. Le jaune lui étant affecté, on lui aura attribué naturellement le signe *Kan*
qui lui aussi signifie « jaune ». Du reste, nous nous
sommes efforcé de l'établir dans un précédent travail,
la comparaison du calendrier Maya avec celui des
Quichés dont il dérive en grande partie, prouve que
le nom primitif était *Can* « serpent » et non point *Kan*
« jaune ».

L'influence des données de la symbolique des couleurs aura, sans doute, amené la transformation de
l'un de ces termes en l'autre.

Le premier des 5 jours complémentaires était également consacré à *Kanal Bacab*, ainsi qu'à une autre
divinité dont nous n'entreprendrons point ici de déterminer le rôle et les attributions, mais qui, ce jour-

(1) Gemelli, *loco citato*. — *Hist. des nations civilisées*, etc.,
t. 3e, liv. 12e, chap. 1er, p. 462 et 463.

(2) Nunez de la Vega, *Constituciones diœcesanas del obis-
pado de Chiappa*, p. 9 (Rome, 1702).

(3) *Le Mythe de Votan*, § 1er, p. 14 (en note) ; Alençon,
1871.

là, aurait été invoquée sous le titre de *Kan u-uayeyab*, ou mieux *Kan u-uayeb hâb*; litt. « couches *ou* lits jaunes de l'année. » Il ne nous paraît nullement prouvé, quoi qu'en dise Landa, que ces titres aient été également appliqués au premier des Bacabs. L'expression « couche de l'année » ne semble jamais avoir désigné autre chose que les jours complémentaires ou, tout au plus, les déités qui y présidaient.

Le génie *Kanal Bacab* et le signe *Kan* se trouvaient affirme notre auteur, affectés l'un et l'autre, à la région du Sud. On tenait l'année placée sous leur protection pour favorable, parce que, d'après la tradition, le génie en question n'avait point péché comme ses trois autres frères.

Parmi les cérémonies prescrites pour honorer *Kan u-uayeyab*, nous nous bornerons à citer les suivantes, parce qu'elles se rattachent directement à l'étude de la symbolique des couleurs. On commençait par fabriquer l'idole en terre cuite du génie en question, et on la portait aux massifs en pierre sèche, élevés au Midi de la ville. Puis, on plaçait la statue de ce génie sur un brancard appelé *Kanté*, litt. « bois jaune », confectionné, suivant l'hypothèse de l'abbé Brasseur avec du bois de cèdre (1). Ensuite, les dévots se tiraient du sang des oreilles, au moyen de scarifications, et en arrosaient une idole de pierre appelée *Kanal Acantun*, ou mieux *Kanal acân tun*, litt. « flava erecta lopis. » L'on présentait enfin à *Kan u-*

_______________

(1) Landa, *Relac. de las Cosas*, etc. § XXXV, p. 213.

uayeyab, deux cœurs faits, l'un de pâte de maïs l'autre, de graines de calebasses moulues.

L'année suivante était sous le patronage de *Canzicmal*, litt. « serpent gaucher » dont le nom a été défiguré par certains copistes, en ceux de *Canziemal* ou même *Canzienal*. Il s'appelait également *Chacal Bacab*, litt. « l'idole rouge » ; *chac pau aktun*, « filet rouge environnant le tambour sacré ou la pierre sacrée, » et non point *chac pauah tun*, forme donnée par Landa. Il portait encore le titre de *Chac xib-châc*, litt. « Faune mâle *ou* Xibalbaïde rouge. » L'hiéroglyphe correspondant à ce génie protecteur de la seconde année du lustre et du levant était *Muluc*. On leur assignait, à l'un et à l'autre, nous dit Landa, l'Orient. *Chacal Bacab* se trouvait ainsi que la divinité présidant au second des épagomènes, spécialement honoré pendant ce jour, sous le titre de *Chac u-uayeyab* ou mieux *Chac u uayeb hâb* ; litt. « Lits *ou* couches rouges de l'année. » C'est alors que l'on moulait l'idole de *Chac u-uayeyab*, pour la porter aux massifs situés à l'Orient de la ville. Cela fait, l'idole était placée sur un brancard appelé *Chacté*, litt. « Bois rouge. » Pendant ce temps, la foule exécutait autour de la statue quelques danses guerrières et notamment le ballet appelé *Holcan okot*, litt. « Ballet du *Holcan* ou tête de serpent. » C'était le titre porté par les chefs inférieurs de la milice (1). On se livrait également à la danse nommée *Batal okot*, litt. « Ballet du combat. »

(1) *Relac. de las Cosas*, etc. § XXXVI ; p. 219 (en note.

Il était naturel, en effet, que ce Bacab auquel la couleur rouge se trouvait affectée, fut aussi regardé comme le dieu de la guerre et du sang versé. Nombre de dévots, à cette occasion, se scarifiaient les oreilles pour en tirer du sang dont ils oignaient l'idole appelée *Chacan-Cantun* ou mieux *Chac acân tun*, litt. « rubra erecta lapis. » Cette pierre était également arrosée du sang que l'on tirait, de force, des oreilles des petits garçons, en les leur tailladant à coups de couteaux, ainsi que du sang d'un petit chien aux épaules noires et encore vierge, que l'on sacrifiait à cette occasion. On accomplissait encore certaines cérémonies en l'honneur d'une divinité appelée *Yax-coc-Ahmut*, litt, « calebasse verte, *ou* nouvelle, souveraine de la terre » et qui paraît avoir été identique à *Itzamnâ*, *Zamnà* ou *Ytzmat-ul* (1) l'inventeur de l'écriture calculiforme (2) et le civilisateur de la péninsule Yucatèque, que l'on regardait même comme le fils de *Hunab-ku*, le dieu suprême. On tenait la seconde année du lustre pour favorable, bien qu'elle abondât en présages fâcheux, mais ceux-ci ne devaient produire leur effet funeste qu'autant que les cérémonies prescrites, n'auraient point été fidèlement observées. Nous remarquerons ce titre de « gaucher » décerné à la fois et par les Yucatèques, à leur Bacab

(1) Cogolludo, *Historia de Yucathan*, lib. 4°, cap. 6 et cap. 8 (Madrid, 1688). *Del principio y fundacion destos cuyos omules*, extrait de Lizana, par l'abbé Brasseur, p. 357 (en note), à la suite de la *Relacion de las cosas de Yucatan*.

(1) P. Beltram, *Arte del idioma maya*, p. 16 (Merida, 1859).

guerrier et par les Culhuas de Mexico, à leurs Mars, à leur dieu des combats, le redoutable *Huitzilopochtli,* litt. « Colibri gaucher. » Il est permis de supposer que cette coïncidence n'est point le seul fruit du hasard.

L'année suivante, continue Landa, avait pour lettre dominicale *yx,* auquel on assignait le côté du Nord, et pour présage *Zac-Zini* (et non pas *Zac-Ziui*), identique à *Zacal Bacab,* litt. « le Bacab blanc » ou *Zac-xib-châe* « faune mâle blanc » ou encore *Zac pau ahtun* « filet blanc, entourant le tun. » On fabriquait, à cette occasion, une image du dieu *Zac-u-uayeyab* ; litt. « lits blancs de l'année, » que l'on portait aux massifs de pierre dont nous avons déjà parlé. Ensuite, on plaçait l'idole sur un brancard appelé *Zacté,* litt. « bois blanc » (et non *Zachia,* comme l'écrit l'abbé Brasseur), en l'accompagnant de la danse dite *Alcabtun-Kan-Ahau,* litt. « festinatio recipiendi domini. » On installait la statue dans la maison du chef où déjà avait été colloquée celle de *Ytzamnà,* façonnée tout exprès pour la cérémonie.

Cette année passait pour défavorable, sujette aux famines et abondante seulement en coton. Afin de détourner d'aussi fâcheux présages, les dévots oignaient l'idole *Zac acan tun,* litt. « Alba erecta lapis, » du sang tiré de leurs oreilles, et fabriquaient l'idole appelée *Kinch-Ahau-Ytzamnà,* ou mieux *Kin ich-Ahau-Ytzamnà,* litt. « Le prince Zamnâ, œil du soleil. »

L'année par laquelle Landa termine son énuméra-

*J* tion, avait, d'après lui, pour signe hiéroglyphique *Cauac*, présidant au couchant, et pour présage *Hozan-ek*, litt. « Niger ruptus, » lequel n'était, vraisemblablement autre que *Ekel Bacab*; « le Bacab noir, l'idole noir, » connu également sous les titres de *Ek-xib-châc*, litt. « faune mâle noir » et *Ek-pau-ahtun*, « filet noir du tambour *ou* de la pierre sacrée. » Pour célébrer sa fête, on façonnait les statues des divinités *Ek-u-uayeyab*, litt. « couches noires de l'année » et *Uac mitun Ahau*. L'effigie du premier de ces dieux était ensuite portée sur un brancard dit *Yax ek*, litt. « vert et noir *ou* noir nouveau, noir puissant. » On plaçait sur les épaules de la statue, un crâne humain et un cadavre, surmonté d'un oiseau de couleur cendrée appelé *Kuch* (sorte de vautour ou de Zopilote.) Tout cela se faisait en signe de grande mortalité, car cette année passait pour fort mauvaise. L'on dansait, pendant le transport du brancard, un ballet appelé *Xibalba-okot* que Landa traduit par *baile del demonio*, mais dont le sens véritable est simplement celui de « ballet de Xibalba. » Les sombres couleurs sous lesquelles les Quichés, peuple de civilisation Mexicaine, dépeignaient l'empire Xibalbalde, put donner lieu à la confusion faite par les missionnaires entre ce terme et celui *d'enfer* ou de *démon* (1). Peut-être, du reste, les indigènes, une fois convertis au christianisme, se plurent-ils à attribuer aux mauvais esprits, tout ce qui rappelait leurs ancêtres païens.

C'est ainsi que chez les Musulmans, la construction

(1) *Popol-Vuh*, introd., § VIII, p. CXXVIII et CXLLL.

de nombre de monuments antiques se trouve attribuée aux *Djinns* ou mauvais génies, que dans nos traditions populaires, le diable est représenté comme l'édificateur de beaucoup de cathédrales.

Quoiqu'il en soit, à la suite des événements que nous venons de rapporter, les patients oignaient du sang qu'ils s'étaient tiré des oreilles, l'idole *d'Ekel-acan-tun ;* litt, « nigra erecta lapis ; » puis l'effigie de *Ek-u-uayeyab* était portée au milieu de la ville. Tout ce cérémonial ne constituait, à vrai dire, que la reproduction de ce qui avait lieu pour les années précédentes. Ce qui suit offre, davantage, un caractère d'originalité. L'influence particulièrement néfaste attribuée au génie noir, avait fait imaginer quelques pratiques d'un caractère tout spécial. On fabriquait quatre idoles appelées *chic-chac-chob,* litt. « vase rouge de gravier. » *Ek Balam chác,* litt. « faune, tigre noir ; » *Ahcan-uolcab,* litt. « celui du serpent, à la main remplie, » et *Ahbuluc Balam,* litt. « celui des onze tigres. » Nous n'entreprendrons point de rechercher ici quel motif fit donner aux génies en question, des noms si étranges et dont la valeur est évidemment toute symbolique. Ce qui est certain, c'est qu'après avoir placé les idoles dans le temple, on leur faisait diverses offrandes. Enfin, la fête se terminait par une course sur un lit étendu de charbons ardents et de cendres. Il était difficile de le traverser sans attraper de fortes brûlures.

L'on s'est cru en droit de taxer Landa d'inexactitude, au moins en ce qui concerne le rapport à établir entre chacune des couleurs et chacun des points de l'espace (1). On se fonde sur ce que l'ordre assigné par Cogolludo aux quatre signes d'induction est différent. Ainsi, ce dernier missionnaire place *Cuch Haab*, litt. « porteur de l'année » à l'Est ; *Hijx* (*Ix*) à l'Ouest ; *Cauac* au Nord et *Muluc* au Sud (2). Or, précisément, nous dit M. Brinton, si l'on admet un déplacement correspondant dans les couleurs symboliques, associées à ces signes, on trouvera un accord surprenant entre la donnée yucatèque et celle des peuples de l'Asie. *Yæ* n'était-il pas le présage de *Zacal Bacab*, l'idole blanche ? Or, le blanc, ne l'oublions point, se trouvait la livrée de l'Occident, aussi bien chez les Chaldéens que chez les Chinois. *Cauac*, hiéroglyphe de *Ekel Bacab*, l'idole noire, passe au Nord, caractérisé précisément par la teinte noire, aussi bien chez les Sémites que chez les races de l'Extrême-Orient. Le même accord se retrouve pour *Muluc*, signe du Midi auquel le rouge est alors dévolu. Enfin, *Cuch Haab* remplaçant de *Kan*, est à la fois le symbole de l'Orient et de la couleur jaune. Quelque séduisante que paraisse l'hypothèse en question, nous ne la croyons pas fondée. Sans doute, il existe une relation fort intime entre les emblèmes des Yucatèques et ceux des Asiatiques, dont ils reçurent les leçons, mais elle est autre que ne se le figure l'auteur américain. C'est ce que nous nous efforcerons d'établir plus loin. D'ailleurs, un simple coup-

(1) *The myths of the New World*, chap. 3ᵉ, p. 80.
(2) Cogolludo, *Hist. de Yucathan*, lib. 4ᵉ, chap. 5ᵉ, p. 185.

d'œil jeté sur la liste donnée par Cogolludo suffit à nous révéler le peu de soin avec lequel elle a été dressée. Il est clair que *Cuch Haab* n'a jamais pu être autre chose qu'un nom de jours épagomènes et qu'il ne s'appliquait à aucun des quatres signes d'indiction. Enfin, l'exactitude de Landa, au moins sur ce point, semble se trouver confirmée par l'écrivain yucatèque Pio-Pérez, lequel donne aux hiéroglyphes, les mêmes noms que celui-ci et les cite dans un ordre identique. Effectivement, nous le voyons débuter par *Kan*, pour passer ensuite à *Muluc*, puis à *Gix* (*Yx*) et terminer enfin par *Cauac* (1).

En tout cas, l'on voit que les Mayas suivaient l'ordre d'énumération mexicain, c'est-à-dire qu'ils débutaient par le Midi pour clore la série par l'Occident. Cette coïncidence, bien entendu, ainsi qu'il arrive d'ordinaire chez les races américaines, n'entraînait pas une distribution de couleurs identique.

4° *Symbolique guatémalienne*. C'est par elle que sera close la série. Dans le *Popol vuh* ou *livre sacré* des habitants de Guatémala, nous trouvons la mention plusieurs fois répétée d'une symbolique des couleurs, très analogue, suivant toutes les apparences, à celle des Mayas, bien que renfermant, ainsi qu'on le verra plus loin, certains éléments étrangers. A deux reprises, l'ouvrage américain parle du voyage

(1) Pio Perez, *Cronologia antiqua de Yucatan*, § 3°, p. 371, § 9°, p. 410. (A la suite de la *Relacion de las Cosas de Yucatan*, de Landa, trad. de l'abbé Brasseur de Bourbourg, Paris, 1864.)

entrepris par les héros mythiques de la nation guatémalienne, au pays et à la ville de Xibalba.

Quoi qu'il en soit, la première fois que les personnages en question s'approchent du but de leur voyage, quatre chemins s'offrent à eux. L'un de ceux-ci, nous dit l'auteuraméricain, était rouge, un autre noir, le troisième blanc, et enfin, le dernier, aune. Les voyageurs prennent la voie noire, qui les conduità la mort (1).

Leurs successeurs, plus avisés, connaissaient l'existence de ces quatre chemins et le rôle sinistre dévolu au chemin noir. Aussi se gardent-ils bien de le prendre pour gagner la capitale ennemie. Ils savaient, nous dit le narrateur, « qu'il y avait, en Xibalba, le chemin noir, le chemin rouge, le chemin blanc et le chemin vert (2). » Remarquons ici le jaune remplacé par la couleur verte, ce qui nous semble plus d'accord avec la véritable donnée mexicaine. L'on ne nous indique point la voie suivie par nos aventuriers, mais ce qui est certain, c'est qu'elle les conduisit à la conquête du royaume ennemi.

Peut-être la même corrélation se retrouverait-elle entre les teintes des quatre chemins de Xibalba et celles des fleurs appelées *Cakamuchih*, *Zaki-Muchih*, *Gana-Muchih* et *Carinimak*, dont les héros Quichés sont tenus de remplir quatre vases pour les offrir aux princes Xibalbaïdes (3). L'abbé Brasseur, il est vrai, ne nous donne point la synonymie des plantes en

(1) *Popol-Vuh*, 2ᵉ partie, p. 83.
(2) *Ibid.*, *ibid.*, chap. 7ᵉ, p. 134.
(3) *Ibid*, *ibid.* chap. 9, p. 151-152 (et en note.)

question. Il se borne à nous dire qu'elles appartiennent toutes à la classe de celles que, dans l'Amérique centrale, on désigne soùs le nom d'origine nahuatle ou mexicaine de *Chipilin*. *Caka Muchih* signifierait, à la lettre le *Chipilin* rouge ; *Zaki Muchih*, le *Chipilin* blanc. Quant au *Gana Muchih*, ce serait le *Chipilin* jaune. Nous venons de voir le rôle assigné à ces trois teintes dans la symbolique Maya, aussi bien que dans celle des Yucatèques. En tout cas, une seule teinte reste encore disponible, la teinte foncée (noire ou bleue), et ce devait, par conséquent, être celle du *Carinimak*, dont le nom quiché ne semble cependant signifier que « grand poisson. »

Nulle part, il est vrai, le livre sacré ne nous dit à quelle région particulière de l'espace répondait chacune des nuances mentionnées ; mais par une interprétation raisonnée du texte, il ne nous paraît pas impossible d'arriver sur ce point, tout au moins à des conjectures fort plausibles. D'abord, les événements rapportés par l'auteur américain sont censés se passer dans le royaume de Xibalba, pays où régnait, suivant toutes les apparences, la langue et la civilisation des Mayas ; par conséquent, de grandes similitudes sont à supposer entre la symbolique dont il est question dans ce passage du livre sacré et celle des Yucatèques. De plus, nous avons signalé le caractère néfaste attribué au chemin noir, puisqu'il conduit les héros guatémaliens à la mort. Cette circonstance le rapproche bien évidemment du *Bacab* noir de la mythologie Maya, regardé comme funeste, et auquel l'*Occi-*

*dent* se trouve attribué, et nous fait conclure, sauf l'admission de la couleur verte, mise parfois à la place du jaune, à l'identité, sur ce point, des symboliques Quichée et Yucatèque. L'on verra plus loin que si les peuples de Guatémala étaient de véritables Mexicains, ou plutôt de vrais Toltèques, sous le rapport de la civilisation, ils ne s'en rapprochaient pas moins considérablement des Yucatèques par la langue, peut-être même par le sang et par un grand nombre de données de leur symbolique.

Maintenant, une dernière observation doit être faite à propos du terme *Rax*, que l'abbé Brasseur traduit ici par « vert, » Il avait également le sens de « bleu » en Quiché et en Cakchiquel, ainsi que l'auteur le faisait observer dans un autre de ses ouvrages (1).

La même particularité se retrouve, dit-on, dans divers idiomes ; par exemple, en persan, en hawaïen, où un seul terme signifie à la fois « noir, bleu, vert foncé, » et un autre « jaune clair, blanc, » et un troisième « brun ou rouge (2). » Or, le bleu était précisément la livrée du Sud dans l'Anahuac. D'ailleurs, le vert ne résulte-t-il point de la fusion de cette teinte avec le jaune, emblème du même point de l'horizon au Yucatan ?

Avant de clore ce paragraphe, faisons observer que parmi les systèmes de symbolique découlant de la donnée quaternaire, celui des Diudjés semble offrir le

(1) *Hist. des nations civil.*, t. 1er, liv. 1er, chap. 2e, p. 50 (en note).

(2) M. Max Müller, *Nouvelles leçons sur la science du langage* (trad. de MM. G. Harris et G. Perrot), 2e vol., 9e leçon, p. 19 (Paris, 1868).

caractère d'archaïsme le plus prononcé, car c'est celui qui s'éloigne le plus du système quinaire. Ainsi, il débute par l'Est au lieu du Sud, et rejette absolument l'emploi des nuances bleue et verte. En revanche, il conserve la teinte noire, qui ne se retrouve plus au Mexique. Au contraire, les Yucatèques ont bien pu emprunter aux populations mexicaines, ou mieux toltèques, dont ils ont certainement reçu le calendrier, la notion du caractère sacré, de la prééminence attribuée au Sud. En un mot, si l'on veut tenter un essai de restauration archéologique, voici comment, à notre avis, il conviendra de dresser le tableau des deux symboliques tels qu'elles durent être à l'origine (1) :

| Système Quinaire. | | Système Quaternaire. | |
|---|---|---|---|
| SUD | *Bleu* | EST | *Jaune* |
| EST | *Rouge* | NORD | *Noir* |
| NORD | *Jaune* | OUEST | *Blanc* |
| OUEST | *Blanc ou vert* | SUD | *Rouge* |
| CENTRE | *noir ou rouge-orange* | | |

Nous terminons enfin par un second tableau, aussi complet qu'il nous a été possible, donnant divers systèmes de symbolisme en vigueur chez les Américains du Nord.

(1) Nous ne ferons pas ressortir plus longuement la ressemblance du 2ᵉ de ces systèmes symboliques avec celui des Chaldéens et des Indous, et même celle du 1ᵉʳ avec la symbolique chinoise. Voy. *De la symbolique des points de l'espace chez les Indous*, t. 1ᵉʳ de la *Revue de philologie*, et *Essai sur la symbolique des points de l'horizon dans l'Extrême-Orient*, dans les *Mémoires de l'Académie de Caen*, année 1875.

TABLEAU DE LA SYMBOLIQUE DES POINTS DE L'ESPACE CHEZ LES MEXICAINS, DANS LEUR RELATION AVEC LES COULEURS, DIEUX, ÉLÉMENTS ET HIÉROGLYPHES ASTRONOMIQUES CORRESPONDANTS.

| POINT DE L'ESPACE. | NOM MEXICAIN AVEC SA SIGNIFICATION | COULEUR CORRES-PONDANTE. | DIVINITÉ CORRESPONDANTE. | ÉLÉMENT AUQUEL PRÉSIDE CE DIEU. | HIEROGLYPHE DE L'INDICTION CORRESP. AVEC SA SIGNIFICATION | NUMÉRO DE L'INDICTION |
|---|---|---|---|---|---|---|
| SUD | *Vitzlampa.* (Rhumb du Sud). | *Bleu* | *Tonaciyohua.* | *Terre* | *Tochtli.* (lapin). | 1er |
| EST | *Tlahuilcope.* (Jour, lumière). | *Rouge* | *Tlalocanteuctli.* | *Eau* | *Acatl.* (Canne, roseau). | 2e |
| OUEST | *Mictlampa.* (Rhumb des morts) | *Jaune* | *Quetzalcohuatl.* | *Air* | *Tecpatl.* (Silex, obsidienne) | 3e |
| NORD | *Sihuatlampa.* (Rhumb des femmes). | *Vert* | *Xiuhteuctli.* | *Feu* | *Calli.* (maison). | 4e |
| CENTRE | | *Rouge-Orange?* | *Tonatiuh?* | *Ether? Ténèbres?* | *Soleil?* (Soleil de nuit). | |